ITALIAN TEXTS

Italian fascism and antifas

CW00862910

MANCHESTER
UNIVERSITY PRESS

ITALIAN TEXTS

general editor   Professor David Robey, Department of Italian Studies,
                    University of Manchester

founding editor Kathleen Speight

The Italian Texts series aims to make accessible to university and sixth-form students a wide range of modern writing, both literary and non-literary. The emphasis is on 20th-century texts in a variety of registers and voices, with a special interest in the relationship to Italian society and politics. In line with contemporary conceptions of Italian studies, the texts are chosen not only as an introduction to creative writing, but also as an introduction to the study of modern Italy. All texts are accompanied by a critical introduction in English, which sets the material in its social and cultural contexts, and by notes that elucidate the more complex linguistic constructions, as well as by an extensive vocabulary

currently available:

The Italian Resistance: an anthology
    ed. Philip Cooke

Understanding the mafia
    ed. Joseph Farrell

Pirandello *Three Plays: Enrico IV, Sei personaggi in cerca d'autore* and *La giara*
    ed. Felicity Firth

Fo *Morte accidentale di un anarchico*
    ed. Jennifer Lorch

Italian journalism: a critical anthology
    ed. Robert Lumley

Pirandello *Novelle per un anno: an anthology*
    ed. C. A. MacCormick

Novelle del novecento: an anthology
    ed. Brian Maloney

Silone *Fontamara*
    ed. Judy Rawson

Sciascia *Il giorno della civetta*
    ed. Gerard Slowey

Pavese *La luna e i falò*
    ed. Doug Thompson

Italian women writing
    ed. Sharon Wood

Italian fascism and antifascism

A critical anthology

edited with introduction, notes and vocabulary by

Stanislao Pugliese

Manchester University Press

Manchester and New York

distributed exclusively in the USA by Palgrave

Published by Manchester University Press
Oxford Road, Manchester M13 9NR, England
and Room 400, 175 Fifth Avenue, New York, NY 10010, USA
http://www.manchesteruniversitypress.co.uk

Distributed exclusively in the USA by
Palgrave, 175 Fifth Avenue, New York, NY 10010, USA

Distributed exclusively in the Canada by
UBC Press, University of British Columbia, 2029 West Mall,
Vancouver, BC, Canada V6T 1Z2

British Library Cataloguing-in-Publication Data
A catalogue record is available from the British Library

Library of Congress Cataloging-in-Publication Data applied for

ISBN 0 7190 5638 1 *hardback*
ISBN 0 7190 5639 X *paperback*

First published 2001

10 09 08 07 06 05 04 03 02 01   10 9 8 7 6 5 4 3 2 1

Typeset in Times
by Koinonia, Manchester
Printed in Great Britain
by Bell & Bain Ltd, Glasgow

For my parents,
who lived with fascism
and
For my children,
that they never will

Contents

Acknowledgements

A project of this scale and scope required the assistance and expertise of scholars, friends and family.

At Manchester University Press, I was fortunate to work with editor Matthew Frost and David Robey, general editor of the Italian Texts Series. Paola Tite did a wonderful job of copy-editing the typescript. In the United States, Alexander De Grand generously offered suggestions and corrections. Frank Rosengarten meticulously worked over the manuscript, graciously saving me from many embarrassing errors. Their counsel has immeasurably strengthened this book. Any errors of fact or interpretation remaining are solely my own. Josephine Nuccio helped in the preparation of the vocabulary. I would like to acknowledge the generous support of the College of Liberal Arts and Sciences at Hofstra University and my colleagues in the Department of History for their collegiality. Antonio Pugliese deserves a special acknowledgement for his interest in this project and our discussion of these subjects over the years; his support and encouragement are greatly appreciated. Most importantly, I thank my wife, Jennifer Romanello, for her patience and our two children, Alessandro Antonio and Giulia Rosina, who were often in their father's arms while this volume was being prepared. Finally, I wish to thank my parents, Angelo and Lena Pugliese, for their struggle in two very different lands.

Every effort has been made to obtain permission to reproduce copyrighted material. If any proper acknowledgement has not been made, copyright holders are invited to inform the publisher of the oversight.

Introduction

Even before the Second World War came to an end in Italy, the political and intellectual battle over the ultimate meaning and significance of fascism and the armed Resistance was joined. Had fascism been a revolution that radically changed Italy and the Italians or merely the violent reaction of a morally and politically bankrupt bourgeoisie threatened by a socialist revolution? Was the regime a revelation of deep-rooted historical, economic, and social problems that could be traced back to a failed Risorgimento, the movement for national unification in the nineteenth century? Had Mussolini been a buffoon, a manipulator, an opportunist; had he been a 'sincere' revolutionary; had he indeed made the trains run on time and saved Italy from a Bolshevik revolution; had he committed his 'only' mistake in allying himself with Hitler in the mid-1930s? Was the armed Resistance an illegal movement that betrayed the nation-state and 8 September 1943 a betrayal of Italy's Axis partner, Nazi Germany? Or was the Resistenza a second – and truly popular – Risorgimento, bringing the masses into the struggle for a democratic republic founded on the principles of social justice and individual liberty? Had the regime fostered a genuine 'consensus' or was the populace coerced into political silence? Was fascism an early form of totalitarianism or was there room for artists, writers, intellectuals and individuals to think and create on their own? Were the fascist and nazi massacres of civilians legitimate acts of war or crimes against humanity? Was the PCI (Italian Communist Party) – the largest and most influential of the antifascist forces – patriotic or the tool of Stalin's Soviet Union? Were the antifascist activities of sabotage, killings, and executions of Mussolini and fascists after the war legitimate or acts of terrorism? Had the pernicious effects of fascism ended with 25 April 1945 (the date usually understood to mean the end of the war in Italy) or were they to infect the very foundations of the Italian Republic as it emerged after the war? Interpretations and readings of the fascist *ventennio* and the antifascist Resistance have proven to be as contentious for more than half a century. The fiftieth anniversary of the end of the war in 1995 served as a catalyst for a major re-examination of the issues that bore more than a passing resemblance to the infamous *Historikerstriet* (Historians' Debate) over the nature of

1

nazism in Germany during the 1980s. In short, fascism and the Resistance perform a similar function to the French Revolution in France; historians, intellectuals and public figures are forced to take a stand and their political philosophy immediately recognized by their scholarly stance. Ideals of history as a social 'science' grounded in objectivity are – for better or worse – not the dominant intellectual framework in Italy.

Some antifascists, such as Ugo La Malfa of the PRI (Italian Republican Party) argued that a broad coalition of antifascist parties would be necessary to effect the break with the prefascist past. In May 1944, La Malfa charged that 'Italy has never been a real democracy' and called for a 'progressive democracy' that avoided the injustices of both the liberal and the Marxist state.[1] La Malfa was echoing the heretical ideas first proposed by the liberal socialist Carlo Rosselli in the 1920s. This indictment of the status quo ante could not go unchallenged. In a radio broadcast on 1 September 1944, Pope Pius XII offered a religious justification of private property, while Alcide De Gasperi, leader of the DC (Christian Democracy), would write that 'antifascism is a contingent political phenomenon, which will at a certain moment be overturned by other political ideals more in keeping with the … feelings of Italian public life, for the good and the progress of the nation.'[2] Ada Gobetti of the Pd'A (Action Party) spoke for many in this later recollection: 'In a confusing way I sensed, however, that another struggle was beginning: Longer, more difficult, more tiring, even if less bloody. It was no longer the question of fighting against arrogance, cruelty, and violence … but … of not allowing that little flame of solidarity and fraternal humanism, which we had seen born, to die in the calm atmosphere of an apparent return to normal life.'[3] In a famous speech on 26 September 1945, Prime Minister Parri shocked his audience by echoing Piero Gobetti and Rosselli: 'I do not believe that the governments we had before fascism can be called democratic.' For the new prime minister, the legacy of the antifascist Resistance was that it was the only democratic movement in the history of Italy that the masses had supported. With the Resistance, both fascism and the nineteenth-century liberal state based on formal law had been superseded. 'We can say that in the history of antifascism all the best traditions of the Italian spirit … are summed up and gathered together and guide it to successive liberating stages, beginning with the first enlightenment revolution of the eighteenth century.'[4]

Italy had been unified as a constitutional monarchy in 1860–61. As great an achievement as this was, there were problems from the start. The Italian peninsula had not been united since the last days of the Roman

Empire. The Papacy and Europeans of all nationalities had fought constant wars over control of the peninsula, effectively preventing unification. The brief Roman Republic of 1849 established by Giuseppe Garibaldi was crushed when the Pope called in French troops to protect his temporal power. When unification finally was achieved in 1860, it came through the intercession of Napoleon III and Count Camillo Benso di Cavour's cleverly manœuvring the Austrians into a foolish war. Rome was incorporated into the new nation-state only after Napoleon III was forced to withdraw his troops during the Franco-Prussian War of 1870–71. Modern Italy, as the Italians have often pointed out, was the creation of shrewd politics, a restricted political elite, petty manœuvres, crafty states-manship, and tacit accommodations. Although Giuseppe Mazzini had offered a clear moral idealism and Garibaldi charismatic leadership, the masses failed to participate. In fact, when the new nation-state was formed, only 2.5 per cent of the population spoke 'Italian'; most spoke only their local dialect. The new king, Victor Emmanuel II of the House of Savoy spoke Piedmontese dialect and French (no Italian) and never ventured south of Florence. Tellingly, the king refused to change his name to Victor Emmanuel I of Italy.

For the next six decades, political power shifted between a Historic Right and Left. Italy was an overwhelmingly rural and agricultural country with a high rate of illiteracy. Perhaps the most damning critique of the new country was the massive wave of emigration that decimated the *Mezzogiorno* (south) in the last two decades of the nineteenth and first two decades of the twentieth century. Economists and social historians have documented how the plight of the peasants and landless workers worsened after unification. Only in the relatively prosperous northern triangle of Milan, Turin and Genoa did conditions improve for the proletariat; while agrarian practices improved somewhat for peasants and farmers in the Po Valley.

Industrialisation and modernisation created severe problems for the new nation. Industrial and agrarian strikes were common; army troops were often called out to restore order, sometimes resulting in deaths. New mass political parties, the PSI (Italian Socialist Party) and the PPI (Italian Popular (Catholic) Party) came into being in 1892 and 1919 respectively. The former was lacerated by an internal ideological division between intransigent revolutionaries who believed in a violent overthrow of Italian society, and reformists who felt that it was possible to improve the lot of the working classes through legislation and collaboration with the government. The PPI was formed in the wake of some long-term trends in

3

modern Catholic politics and as a mass-based party to counteract the influence of the PSI but was caught almost immediately in the crossfire between socialism and fascism. The Vatican subsequently threw in its lot with the fascist regime and in July 1923, forced its leader, Don Luigi Sturzo, to resign; the PPI rapidly collapsed and was disbanded in 1923. Social unrest came to a head in June 1914 with the so-called *settimana rossa* – a week of general strikes and socialist and anarchist inspired insurrections across the country. The country would soon be riven by a far greater trauma.

The Great War fractured whatever fragile consensus had been built in the young nation. Allied to Germany and the Austrian-Hungarian Empire for geopolitical reasons rather than compatibility and contrary to what one might have expected historically, Italy was one of the few countries to avoid being immediately drawn into the cauldron in August 1914. In truth, Italian politicians were secretly negotiating with both sides for better terms before deciding which side to join. In the end, the Treaty of London that brought Italy into the war on the side of the Entente included secret clauses promising Italy compensation in the form of land to be confiscated from the defeated Austria-Hungary; Italy subsequently declared war on Austria-Hungary in May 1915 and on Germany in 1916. This was the 'about-face' that was not forgotten by the Germans in 1943 when Italy switched sides in the course of the Second World War.

The PSI was the only European socialist party that remained true to its internationalist principles and refused to advocate Italy's entrance into the war, unlike its counterparts in Germany and France. Benito Mussolini, editor of the party's daily *Avanti!* staunchly defended the policy of non-intervention in 1914. The revolutionary socialist Mussolini had captured the party leadership in 1912 after the reformists in the PSI were expelled for endorsing Italy's Libyan War with the Ottoman Empire. As 1914 progressed into 1915, Mussolini had a change of heart; Italian nationalists such as Enrico Corradini and revolutionary syndicalists such as Alceste De Ambris were clamoring for intervention and Mussolini eventually agreed with their position. He was consequently dismissed as editor of *Avanti!* and expelled from the PSI. In November 1915, he founded his own newspaper, *Il Popolo d'Italia*. Mussolini became increasingly anti-socialist and nationalistic; sentiments that only increased after his own experience during the war.

Participation in the First World War was a defining moment for millions of Italians. Many of the soldiers were impoverished peasants and most had never ventured far beyond their own poor village. Many of the

4

officers, instead, were from northern or central Italy, many from aristocratic or bourgeois families; consequently, different social classes 'discovered' each other for the first time. The 'war generation' was to have an enormous impact on the subsequent peace in Italy. Returning *trinceristi* (veterans of horrific trench warfare) and *Arditi* (assault troops) scorned the values and tranquillity of civilian life. The compensation due to Italy by the secret clauses of the Treaty of London was annulled by American President Woodrow Wilson's Fourteen Points and although Italy did gain something at the Versailles Peace Conference, the myth of the 'mutilated victory' was born. Italy had suffered 600,000 casualties, including a possible invasion by Austria-Hungary after the disastrous defeat at Caporetto in the autumn of 1917; it was felt that she was to receive precious little in return for such a sacrifice. The successful Vittorio Veneto offensive one year later ended the war, but the scars remained.

Those scars were evident when Mussolini convened disgruntled veterans and political orphans in Milan's Piazza San Sepolcro on 23 March 1919 and declared the formation of the 'Fascio di Combattimento'. The program was leftist and revolutionary: demands for a republic, universal suffrage and proportional representation, abolition of the Senate, an eight-hour workday, a minimum wage for workers, an end to Italian imperialism, and participation of workers in management. However, humiliating defeats in the elections of 1919 soon convinced Mussolini that he would never come to power with a left-wing programme. In 1920–21, the fasci di combattimento dropped their revolutionary demands, eventually gaining the support of large sections of the Italian bourgeoisie and the governing class. Critical was the evolution of agrarian fascism in the Italian countryside. Violent blackshirt gangs (*squadristi*) attacked and destroyed peasant cooperatives established by the Socialists and the Catholic organisations. These 'punitive expeditions' often ended with the murder of socialist and anarchist organizers, but the large landowners were won over to fascism. Mussolini often had a difficult time controlling the more 'enthusiastic' of the *squadristi* such as Italo Balbo and Roberto Farinacci, but eventually his dominance was recognized by all. Friction between an urban, revolutionary fascism and an agrarian, reactionary fascism was to periodically haunt Mussolini for the next two decades.

Mussolini often boasted in the early days of the movement that fascism did not advocate a coherent ideology. It was only after a decade in power that the need was felt for an official doctrine explaining fascist ideology [4.1]. In truth, fascism was a heterogeneous mixture of radical ideologies that had been brewing during the nineteenth century. From Gustav Le

Bon, Mussolini learned something about the psychology of crowds; from the French political theorist Georges Sorel, he was impressed with the theories of violence, myth, revolutionary syndicalism, and the general strike; from the German philosopher Friederich Nietzsche, Mussolini misappropriated the theory of the *Ubermensch* or superman who is 'beyond good and evil'. Futurism, an avant-garde aesthetic movement founded by Filippo Tommaso Marinetti in 1909 [1.1] seemed a natural ally. In a 1910 essay titled, 'Che cos'è il Futurismo?', Marinetti answered that Futurism signified hatred of the past and proposed to destroy the 'culto del passato' and 'la tirannia dell'amore' in order to free artists. Because of its glorification of industrialisation, technology, and war, Futurism was embraced by the early fascist movement.

Another intellectual movement that was to influence early fascism was the irrationalism and mysticism popular in some late-nineteenth century circles. Here the cult of genius prevailed. Giovanni Papini and Ardengo Soffici were leading proponents of this movement [1.3]. Nations could crumble and empires sink into the sea, so long as man was able to create beauty. A frenetic desire to live life to the fullest – perhaps because of an impending sense of doom – characterized these artists and intellectuals. Gabriele D'Annunzio – poet, sensualist, adventurer – personified this world view. His 'Canto augurale per la nazione eletta' [1.4] clearly encompasses both the late romantic idea of the nation-state and an almost religious belief in its fore-ordained greatness. In September 1919, D'Annunzio led a band of veterans and 'captured' the city of Fiume on the Adriatic coast of the Istrian peninsula. For little more than a year, D'Annunzio ruled Fiume like a Renaissance condottiere with a modernist twist; speeches from balconies, black uniforms, hymns and salutes were taken over by Mussolini whole. A more prosaic description of the nationalism that was to inform fascism is Enrico Corradini's essay [1.2]. These unstable elements were all thrown into the cauldron of early fascist ideology; the result was often a tension between the more radical and revolutionary elements, and those components and supporters that were more conservative.

Indeed, one of the major historiographical debates concerning fascism is the proposed division between 'fascism as movement' and 'fascism as regime'. The former was revolutionary, the second reactionary; 'fascism as movement' sought a radical transformation of Italian society with a stress on youth that was embodied in the fascist hymn 'Giovinezza' [2.3] This revolutionary fascism sought to create a new 'fascist man' in a cultural revolution during the 1930s. Although in theory revolutionary

6

fascism was to take over the apparatus of the State, it was subdued by the inertia and conservatism of the pre-existing institutions and mentalities. The revolutionary movement was thus transformed into a regime that was less disruptive to the conservative institutions of Italian society such as the military, the diplomatic corps, the civil service, industrialists, large landowners, and the Catholic Church. Historians point to the contrast with Nazi Germany; there, the National Socialist Party completely overwhelmed all the institutions and the entire apparatus of the German state; conversely, in Italy, the PNF (Partito Nazionale Fascista) was supposedly overwhelmed by the state.

The political situation in postwar Italy continued its precipitous decline. Prime Ministers Orlando and Salandra were not up to the challenges facing the country and civil society continued to disintegrate. In August 1921, Mussolini forced his followers to accept a Pacification Pact that was to end violence against working-class and peasant organizations. The PSI, for its part, disbanded its own *arditi del popolo*, an armed antifascist movement and the only left-wing association that could have effectively challenged the physical violence of the *squadristi*. Increasingly, the fascists and their supporters sensed the possibility of power. The fasci di combattimento were transformed into a formal political party (PNF) in November 1921 during a national congress in Rome. Tensions still existed between Mussolini's desire to create a centralized party with power in his hands alone and the local *squadristi* who were more revolutionary and intransigent.

During 1922, Mussolini organized a series of demonstrations culminating in a mass rally in Naples at which he made ominous threats of a 'March on Rome'. An early anti-fascist opposition group, the Alleanza del Lavoro, composed of Socialists, Republicans, trade unionists, Communists and anarchists was hampered by poor organization and the refusal of Catholics to participate. In the summer of 1922, *squadristi* besieged local centres of government and killed hundreds of adversaries. One of the most important *squadristi* and later one of the most influential of the fascist *gerarchi*, Italo Balbo, left a vivid diary of his participation in these actions [2.1]. The more radical fascists, such as Balbo, were calling for a 'March on Rome' and a revolutionary change of government. Their model was D'Annunzio's seizure of Fiume. As the ragtag army of *squadristi* converged on Rome during the last week of October 1922, Mussolini was safely ensconced in Milan, conveniently close to the Swiss border should things go awry. Rome itself was never under any real military threat; General Umberto Pugliese, the most highly-decorated officer in the Great War and an Italian Jew, informed King Victor Emmanuel III that he needed only the King's authorisation to dispel the unruly crowds. The King, perhaps thinking the fascist threat useful and that Salandra would once again emerge as prime minister, refused to grant the general permission to defend Rome vigorously and instead sent a telegram inviting Mussolini to form a government. In truth, there was no 'March on Rome'; Mussolini and the fascist *squadristi* triumphantly entered the city on 28 October 1922 only after it had become clear that there would be no resistance. The 'March on Rome' was less a military triumph and more a symbolic and psychological verdict on the political ineptness of the Liberal state and the monarchy. In fascist ideology, though, the 'March on Rome' immediately acquired mythological status, with Mussolini the prime mover of an heroic and glorious revolution [2.2].

Once in power, Mussolini was careful to preserve the façade of liberal government; his first cabinet included ministers from other political parties. Some were fooled, including Italy's most prestigious intellectual, Benedetto Croce. Many, however, saw through the façade. Immediately, an antifascist opposition appeared. Antifascism was a broad and diffuse movement, from monarchists, Catholics and liberals on the right to anarchists, socialists and communists on the left. There was a 'passive' resistance or 'inner emigration' characterized more by a state of mind than outright opposition (as in the case of Croce) and a more radical, outspoken resistance that moved to sporadic action. Two early leaders of the antifascist opposition were Don Luigi Sturzo and Piero Gobetti. Sturzo had founded the PPI (Italian Popular Party) in 1919 and criticised those elements in the party and the Vatican that were filo-fascist; for his stance, he was ousted as party secretary but remained the most authoritative voice in the Catholic antifascist camp; his 'Coscienza cristiana' [2.4] was an early essay that spelled out the incompatibility of fascism and Christianity. Gobetti was a young Turinese intellectual who lamented the fact that Italy had failed to experience the liberating effects of the political and religious revolutions of the modern age [2.5]. Gobetti and (after his forced resignation) Sturzo were outside the sphere of party politics; Giovanni Amendola was fast emerging as the leader of the parliamentary opposition. Amendola (1882–1926) studied philosophy and was a journalist. As a young man he was a conservative and nationalist liberal but his experience at the front in the war pushed his politics more to the left. In January 1922, he founded one of the first antifascist reviews, *Il Mondo*, and eventually established the Unione Democratica Nazionale. Because of his activities, including the publication of documents incriminating Mussolini in the political assassination of Giacomo Matteotti, he was beaten in 1925 and fled to France where he died of his injuries.

Matteotti was a reform socialist member of the Chamber of Deputies who revealed the widespread corruption and electoral fraud in the elections of 1924. Those elections had taken place under the provisions of the Acerbo Law of 1923. The Acerbo Law permitted the party that received the largest number of votes (provided that it was over 25 per cent of the votes cast) to be granted two-thirds of the seats in Parliament. Clearly, the law circumvented the most basic premise of parliamentary government and the opposition parties debated whether or not to participate in the elections; they did but the voting was marred by violence and intimidation. Matteotti's speech denouncing these 'irregularities' [3.1] resulted in his assassination on 10 June 1924. The resulting 'Matteotti crisis' was fascism's most precarious moment. In Parliament, 150 deputies from the Catholics on the right to communists on the left formed the Aventine Secession, named after the protest of Gaius Gracchus in the ancient Roman Republic, and withdrew from parliament, claiming to be the true representatives of Italy. Joining Amendola in the Aventine Secession were Filippo Turati, the 'grand old man' of Italian socialism and leader of the PSI, and Antonio Gramsci of the PCI. The Aventine Secession was hampered by a fatal flaw; it insisted on a legalitarian opposition, pinning its hopes on the possibility that King Victor Emmanuel III would ask for Mussolini's resignation. That never happened. The PCI eventually withdrew from the Aventine Secession and returned to parliament. Pope Pius XI inadvertently assisted fascism by preventing an alliance between the PPI and the PSI. For the summer, autumn, and early winter of 1924–25, it seemed as though fascism was on the brink of collapse. Yet Mussolini's speech in the Chamber of Deputies on 3 January 1925 [3.2] dashed the hopes of any legal opposition and signaled the beginning of the true fascist dictatorship. The Aventine Secession eventually melted away and the Exceptional Decrees passed by the regime in 1925–26 effectively dismantled the liberal, parliamentary state in Italy. Almost immediately, an antifascist underground appeared. One of the first organizations was *Italia Libera* and one of the first underground newspapers was *Non Mollare!* in Florence. *Non Mollare!* published several documents directly implicating Mussolini in Matteotti's assassination, prompting the swift and brutal response of the *squadristi*; when several innocent men were killed because of the newspapers activities, the decision was made to suspend publication.

Opponents of the regime were either arrested (such as the communist leader Antonio Gramsci), forced into exile (such as Filippo Turati, Pietro Nenni, and the *fuorusciti*), murdered outright (such as Matteotti and the Rosselli brothers), or physically assaulted (like Gobetti and Amendola). The fascist police revived an older form of repression with the practice of *confino* or domestic exile. Gramsci – notwithstanding his parliamentary immunity and ill health – was arrested in 1926 and sentenced to twenty years in prison where he devoted his time to a re-thinking of contemporary Marxism [5.8]. After eleven years in fascist prisons, he died in 1937, depriving the PCI and Italy of one of its greatest minds.

Originally used by the fascists to express contempt for the antifascist exiles, the term *fuorusciti* (literally: those who have gone outside, outlaws) came to encompass the entire spectrum of antifascism abroad. Paris was the capital of the *fuorusciti* but there were other centres of activity in London and New York. A major flaw of the *fuorusciti* was their insistence on continuing the old political party divisions while in exile. This problem was fully evident in the most important antifascist organization abroad, the Concentrazione Antifascista (CA), established in April 1927 with headquarters in Paris. Led by the socialist Pietro Nenni, the Concentrazione Antifascista was composed of the revolutionary PSI and the reformist PSU (which merged in July 1930), the PRI (Partito Repubblicano Italiano), the CGL (Confederazione Generale del Lavoro – General Confederation of Labour), and LIDU (Lega internazionale dei diritti dell'uomo – International League for the Rights of Man). The CA published a weekly newspaper, *La Libertà*, from May 1927 until May 1934 and managed to gather many of the *fuorusciti* into one organization. The PCI refused to join and internal divisions were to cause the CA to dissolve in 1934; it was replaced by a Unity of Action Pact.[5]

The experience of *confino* would prove to be politically decisive for many antifascists and generated some important literature as well. Two excerpts from *confino* are present in this collection. Carlo Levi was sentenced to a remote mountain town near Matera; out of that experience came his masterpiece *Cristo si è fermato a Eboli* in which he warned of 'l'eterno fascismo italiano' [3.3]. Cesare Pavese's experience of *confino* produced a very different type of book, *Il carcere* [5.7]. Both Levi and Pavese belonged to a new political movement, Giustizia e Libertà, which was born in Paris in 1929. Giustizia e Libertà was inspired by Carlo Rosselli who had managed a sensational escape from *confino* on the penal island of Lipari. While on Lipari, Rosselli clandestinely wrote his major theoretical work, *Socialismo liberale*, in which he argued that twentieth-century socialism was the logical heir to nineteenth-century liberalism. Attacked from both the left and the right, Rosselli insisted on a heretical 'liberal socialism' and was acknowledged as the *enfant terrible* of Italian antifascism.[6] Giustizia e Libertà attracted some of the most important antifascist intellectuals and was second in influence only to the PCI. Italian anarchism was led by the heroic figure of Errico Malatesta (1853–1932), the tragic figure of Camillo Berneri (1897–1937), assassinated by Stalin's agents during the Spanish Civil War, and the romantic figure of Carlo Tresca (1879–1943) assassinated by still-unknown persons on New York City's Fifth Ave. Ignazio Silone, an important member of the PCI until he abandoned communism and active politics, attempted an analysis of fascism from his exile in Switzerland. For Silone as well, fascism was neither accidental ('il fascismo non è caduto dal cielo'), nor was it inevitable ('il fascismo non è stato fatale').

Giovanni Amendola, in an article in *Il Mondo* (12 May 1923), first referred to fascism as 'totalitarian.' The term was soon picked up by others, including Piero Gobetti in *La Rivoluzione Liberale,* Don Luigi Sturzo, and the communist opposition.[7] Mussolini was to appropriate the concept for his own official elaboration of fascism [4.1] which appeared in the 1932 edition of the *Enciclopedia italiana*: 'per il fascista, tutto è nello Stato, e nulla di umano o spirituale esiste, e tanto meno ha valore, fuori dello Stato. In tal senso il fascismo è totalitario ...' Although the term has been criticised for its use and evolution during the Cold War to link the barbarism of Nazi Germany with Stalin's Soviet Union, it still has an analytical usefulness. The Italian historian Alberto Asor Rosa has perceptively written that Italian fascism was an 'imperfect totalitarianism'[8] compared with its more ruthless and efficient nazi counterpart. Some in the antifascist camp recognized that fascism was, paradoxically, both something deeply-rooted in Italian society yet new to modern politics. Carlo Rosselli referred to fascism as both a tremendous *novità* and 'in certo senso l'autobiografia di una nazione che rinuncia alla lotta politica, che ha il culto dell'unanimità, che rifugge dall'eresia.'[9]

Less theoretically sophisticated yet powerful in their own way are the letters of women to Mussolini [4.2]. From the simple peasant woman asking Mussolini's wife, Rachele, for material assistance in raising her children to the chastising tone of another, these letters are a valuable window onto the dictatorship. As a mass regime with a former newspaper editor as dictator, fascism was sensitive to what today would be called 'public opinion'. Popular with both the regime and the masses were short, pithy aphorisms that Mussolini often employed on public occasions to impress on the Italians what fascism stood for [4.3]. Few could remember extracts from the 'Fascismo' essay in the 1932 *Enciclopedia italiana* but everyone knew the regime's motto, 'Mussolini ha sempre ragione!' or Mussolini's imperious 'Credere! Obbedire! Combattere!' The triumphal boasts and rhetoric of the regime were often deflated by the *fuorusciti* in exile, but Italians at home rarely heard their withering attacks. Gaetano Salvemini spent much of the *ventennio* in exile and in a constant combative mood, furiously turning out essays, manuscripts, and letters to the editor demonstrating the falsehoods of fascist propaganda [4.4].

Notwithstanding the heroic efforts of the *fuorusciti* abroad and antifascists underground in Italy, fascism scored its political triumphs. A major victory was the February 1929 Lateran Accords. The regime presented the Lateran Accords as finally resolving the bitter dispute that had opened between the Church and State with the unification of Italy in the nineteenth century and had continued for the next six decades. The Lateran Accords constituted three separate agreements: Italy recognized the political sovereignty of the Vatican; in return, the Vatican would finally recognize the 'new' nation of Italy. Italy was to compensate the Vatican for land and buildings confiscated during the Risorgimento and unification process; and a new concordat would regulate relations between the Church and the fascist State. Since an overwhelming majority of Italians considered themselves both Catholics and patriotic citizens, the rift between Church and State was a flaw of unification. The Lateran Accords were immensely popular and Mussolini's prestige rose accordingly. A few dissenting voices – even among the fascists – were heard but quickly suppressed. Catholicism had been granted a privileged place in the life of the nation as the only organization outside fascism that was permitted to exist. Tension between fascism and the Church was not fully resolved. Only two years later, the regime and the Vatican came into conflict over the role of Azione Cattolica Italiana which had been formed in the 1860s to defend the Church in the newly unified country. As a lay organization, Catholic Action acted as a liaison between an increasingly secular civil society and the Church hierarchy. In particular, the regime protested Catholic Action's control and influence over the youth of Italy. Pope Pius XI responded with a withering attack; his 1931 papal encyclical *Non abbiamo bisogno* declared a fundamental incompatibility between fascism and Christianity. The encyclical was pointedly written in Italian rather than the more traditional Latin, much like the later encyclical *Mit brennender Sorge* (With Burning Care – against nazism) which was written in German.

As fascism moved into its second decade, it could rest assured that political power was firmly held by Mussolini. The regime's critics were either in prison, *confino*, exile, or dead. In celebration, the regime mounted a retrospective exhibit of the 'fascist revolution.'[10] In truth, the revolutionary nature of fascism was being questioned, especially by the earliest and most fanatical fascists. Culture during the fascist era was a mix of the revolutionary remnants of futurism and the more reactionary currents of classicism and academic art. The field of culture also became a substitute battleground between fascism and antifascism. The spring of 1925 saw a 'battle of manifestoes' played out in the fascist and antifascist press [5.5]. Giovanni Gentile, the foremost intellectual to lend support to fascism, published the Manifesto of fascist intellectuals in April; a spirited response organized and written by Benedetto Croce and signed by dozens of dissidents appeared on 1 May. The stage had been set: as the regime tried to capture culture for its 'totalitarian' purposes, antifascists turned to European intellectuals for support. Gentile himself presided over the most prestigious cultural institutions of fascist Italy as founder and president of the Istituto Nazionale di Cultura Fascista, general editor of the *Enciclopedia italiana*, editor of *Nuova Antologia*, and president of the Royal Academy of Italy. His essay in this collection [5.4] argues for a 'revision' of Italian culture.

Recent research has called into question the regime's total control over culture and cultural policy. Besides individual intellectuals who could be easily suppressed, Italian culture was diffused through other institutions such as the universities, Catholic organizations, independent academies, journals and reviews. Although the regime was long identified by the officially sanctioned *stile littorio*, cultural policy was often haphazard and ambiguously defined. An important development was the *romanità* style, meant to convey the fact that contemporary fascist Italy was the direct heir to the ancient Romans. Accordingly, ancient Rome was an approved subject for literature, history, architecture, and cinema. In politics, the ideas of the Mediterranean Sea as 'mare nostrum' and an African Empire were revived, even as Italian soldiers were forced to march to the *passo romano* – supposedly an ancient Roman march but suspiciously similar to the goosestep in Nazi Germany.

A major step toward control of the cultural realm was the creation of the Ministry of Popular Culture, in some respect modelled on Joseph Goebbels's Ministry of Propaganda and Enlightenment in Nazi Germany. Although officially constituted in May 1937, 'Minculpop' as the ministry was derisively called, had its roots in Mussolini's earlier Press Office, later the Undersecretariat for Press and Propaganda. This office controlled not only the press but literature, art, theatre, music and tourism as well. 'Minculpop' never succeeded in creating a new fascist culture and was only partially successful in forcing artists and others to conform. More successful in controlling leisure, directing mass culture and the manufacturing of artificial consent was the regime's *Dopolavoro* organization. By effectively taking control of leisure time with competitive sports, country outings, and the like, the regime brought individuals into its domain in a relatively benign manner. By assisting with instalment buying, it was managing the new desires of a consumerist culture most attractively portrayed in mass advertisements and the new cinema. Sports, too, were increasing under the watchful eye of the regime. Casual sports were administered by the *Dopolavoro*, while the regime usurped the frenzy caused by the widely popular bicycle racing and football for political ends. The 1934 and 1938 World Cups, held in Italy and France, respectively, were open exercises in political propaganda. The boxing champion Primo Carnera was also used this way. At the other end of the spectrum, intellectuals such as Giuseppe Bottai and Margherita Sarfatti argued for a reinvigoration of Italian culture. Bottai [5.1] had supported futurism and founded the cultural review *Critica fascista* in 1923, giving voice to a technocratic version of fascism and was Minister of Education from 1936 until 1943. Sarfatti [5.3] was an intellectual in her own right and patroness of the arts.

The regime profited from the advent of radio and cinema as forms of mass entertainment. Mussolini was a newspaper man and controlled the popular press in Italy, often examining articles himself before their publication. A news agency founded in 1853 on the Reuters model, the Agenzia Stefania, was taken over by the regime. As a politician, he preferred impassioned speeches from balconies and was slow to recognize the usefulness of the radio. It was Guglielmo Marconi himself who persuaded Mussolini of the potential political usefulness of the new invention; accordingly in 1924 the first radio network was established but it was not until 1937 that a special section of the government was assigned to control and manipulate the radio. Censorship was difficult because individuals could listen to foreign broadcasts and Radio Vaticana. In fact, it may have been Carlo Rosselli's radio broadcast from Barcelona [7.1] that sealed his fate and convinced the fascist regime to have him assassinated. The radio became immensely popular during the Ethiopian War (1935–36) when Roberto Forges Davanzati's 'Cronache del Regime' kept Italians informed about the 'African adventure'.

D character of dict.

As with the radio, the regime was slow to recognize the potential of cinema as well. Although Mussolini had declared that 'the cinema is the strongest weapon', a propaganda studio was not set up until 1925. LUCE (L'Unione Cinematografica Educativa) produced newsreels and documentaries which – according to a 1926 law – were shown in all public theatres before screenings of commercial films. The filmmaker Alessandro Blasetti helped to raise the status of cinema as an art form with his review *Cinematografo*. Blasetti was known for his *Sole* of 1928 depicting the draining of the Pontine marshes near Rome – a major propaganda coup for the regime; as well as his *Vecchia Guardia* of 1934 which depicted the veritable civil war between *squadristi* and their opponents just before the March on Rome. His *1860* portrayed Garibaldi as a charismatic precursor to fascism. It was not until September 1934 that an office for cinematography was created within the Ministry of Popular Culture. A year later, the Venice Film Festival began, still today one of the most prestigious film competitions. In 1936, the regime opened the Centro Sperimentale di Cinematografia and a year later (on April 21 – traditionally celebrated as Rome's 'birthday') Italy's answer to Hollywood, *Cinecittà*, was founded. Although the regime produced overtly political films such as Carmine Gallone's *Scipione l'Africano* in 1937, Augusto Genina's *Squadrone bianco* and Mario Camerini's *Il grande appello* (1936), most films produced during the *ventennio* were escapist fantasies and comedies aimed at the masses and symbolized by the 'white telephone' found in the leading lady's boudoir, signifying a life of leisure and pleasure.

Architecture proved to be an important field during the *ventennio*. Modernism and more traditional schools often fought for official status and the regime alternated between an aspiration for innovation and a desire for tradition. Milan could boast of the extraordinary projects conceptualized (but rarely realized) by the Futurist architects Antonio Sant'Elia and Mario Chiattone while Rome continued to nurture the Baroque and Neo-classicism. The Movimento italiano d'architettura razionalista brought the rationalist and Internationalist style to Italy. The most ambitious projects undertaken by the regime were the excavation of the Roman Forum and the paving of the via dei Fori Imperiali which destroyed a working-class Roman neighbourhood, and the Esposizione Universale di Roma (EUR) in the Monumental style and directed by Marcello Piacentini that symbolized Mussolini's grandiose idea of a 'third Rome'. One of Europe's most important architects, Pier Luigi Nervi (1891–1979) was active during the *ventennio*, but his style was very different from that preferred by the regime.

15

In painting and sculpture, Italian artists managed to escape the totalitarian controls imposed on their counterparts in Nazi Germany, where Hitler ordered the mounting of a 'Degenerate Art' Exhibit in 1937. In 1925, the regime founded the Royal Academy of Art which favored a neo-classical aesthetic. Futurism soon lost its privileged position, although Futurist artists continued to create important works. Giorgio De Chirico pioneered an innovative 'metaphysical' painting; together with Carlo Carrà and Giorgio Morandi he painted mysterious still lifes and landscapes. Ottone Rosai represented the Strapaese movement that looked to the Italian countryside for inspiration. The Cremona Prize was established by Roberto Farinacci, a severe critic of modern art; in response Giuseppe Bottai established the Bergamo Prize to recognize the avant-garde.

Economically, social historians and economists agree that conditions worsened for most Italians during the *ventennio*. The Palazzo Chigi Pact (1923) and the Palazzo Vidoni Pact (1925) clearly put the interests of industrialists and large landowners before those of the working classes. A 'Charter of Labour' was issued in April 1927 that was supposed to protect the working class; instead it effectively ended any trade union movement in Italy. Although the regime organized some massive public works projects (the most famous being the draining of the Pontine marshes just outside Rome) and initiated some welfare programs, national programs such as the 'Battaglia del Grano', part of the regime's goal of 'autarchy' or economic independence, made life increasingly difficult for the ordinary citizen. The Bonifica Integrale focused on land reclamation and improving productivity until the world-wide Depression forced it to curtail its activities. An obsessive desire to increase Italy's population led to subsidies for large families. 'War is to man as maternity is to women', Mussolini thundered in his speeches. This, of course, did little to alleviate the chronic poverty of the working classes. The official economic policy of 'corporativism' or the corporate state was defined by the regime as the solution to the perennial conflicts generated between labor and capital. In theory, workers and owners were to be fully integrated into an obligatory and hierarchical system that supposedly synthesized what were thought to be the best features of syndicalism and nationalism. In truth, the corporate state was an attempt to defuse the revolutionary potential of the working class and subject it to both the state and private capital. Under the direction of Alfredo Rocco and Giuseppe Bottai, the corporate state was supposed to offer a 'third way' between socialism and capitalism but never managed to achieve its potential. Its most important institutional

16

legacy was the Istituto per la Ricostruzione Industriale (IRI) which survived well into the postwar period.

The regime tried to gain complete control over the education of youth, but this often led to conflicts with the Catholic Church. The idealist philosopher Giovanni Gentile was named Minister of Education and was charged with reforming the schools system; what Mussolini called 'the most Fascist reform'. Under Gentile, philosophy regained its preeminence along with Latin and history to the detriment of the social and natural sciences, modern languages and modern teaching methods. Universities evolved as a locus of opposition to fascism although many professors supported the regime; when all faculty were required to swear an oath of loyalty to fascism in 1932, only eleven professors in all of Italy refused. The regime had more success with younger children, instituting the Opera Nazionale Balilla in 1926 for children six to eighteen and the Fascio Giovanile del Littorio for older students; those at university were recruited into the Gruppi Universitari Fascisti (GUF). Gentile soon left as Minister of Education and confusion often reigned there; in 1938 Giuseppe Bottai proposed the Carta della Scuola which was supposed to be a major reform but which fizzled and was overwhelmed by other events. Italian women were organized into the Fasci Femminili, auxiliaries of the Partito Nazionale Fascista. Women during the fascist regime were often caught between contradictory models: fascism itself contained mutually-exclusive categories of women as revolutionaries and women as traditional keepers of home and hearth. In addition the 1920s and 1930s saw the explosion of a consumerist culture and its attendant images in advertisements and the cinema.

A major cultural initiative of the regime was the *Enciclopedia italiana* modelled on the *Encyclopedia Britannica*. Conceived and financed by the wealthy industrialist Giovanni Treccani in 1925, the *Enciclopedia italiana* was edited by Giovanni Gentile and insisted that contributors be selected on the basis of their expertise rather than their strict allegiance to fascism. Less successful was the Istituto Nazionale di Cultura Fascista. Several Italians won the Nobel Prize, including Guglielmo Marconi, Luigi Pirandello (both supporters of the regime), Salvatore Quasimodo, Grazia Deledda, and Enrico Fermi, contributing to the cultural prestige of the regime even though these last were not fascists.

In literature, a new experimentalism that had begun in the early years of the twentieth century managed to survive into the fascist period. In 1924 Eugeno Montale published *Ossi di seppia*, immediately recognized as a classic but four years later Italo Svevo's *La coscienza di Zeno*,

17

influenced by Svevo's intellectual relationship with James Joyce, fell into a void and was not recognized until much later. Luigi Pirandello wrote his most important works during the 1930s. Alberto Moravia published *Gli indifferenti* in 1929 and in his *Il conformista* of 1951 perhaps more than any other writer plumbed the depths of a certain type of mentality that found its way to fascism. In 1930 Salvatore Quasimodo published *Acque e terre*. Other important writers include Elio Vittorini, Giuseppe Ungaretti, Giovanni Papini, Carlo Emilio Gadda, Massimo Bontempelli, and Aldo Palazzeschi. In the early 1940s a new realism emerged that would flower in the immediate postwar period and generate the tremendous international success of 'neo-realism' in cinema.

Neoclassic music continued to dominate Italian cultural life. The so-called 'generazione del 1880' was challenged in the 1930s by twelve-tone composers. The former strove to emulate Italian composers such as Girolamo Frescobaldi, Antonio Vivaldi and Arcangelo Corelli; the latter challenged listeners with contemporary theories of music and often generated considerable controversy. The operas of Giuseppe Verdi continued to be popular, as were the works of Giacomo Puccini. Ottorino Respighi (1879–1936) became one of the most important composers and achieved international success. The conductor Arturo Toscanini became synonymous with the highest standards of musical performance and a dedicated antifascist after receiving a beating when he refused to play the fascist anthem 'Giovinezza' at a concert in Milan's La Scala Opera House. He eventually fled to New York City where he directed the NBC Radio Orchestra for many years.

The culture of antifascism was embodied in the figure of Benedetto Croce. The Neapolitan philosopher had acquired such international prestige by the 1920s that the regime dared not silence him. In his works of history and historiography, Croce served as a beacon for two generations under fascism. His excerpt here [5.6] was often openly read as an explicit condemnation of fascism.

Mussolini and Hitler had exchanged visits in the mid-1930s culminating in the declaration of the 'Rome–Berlin Axis' in 1936. Support of Franco rebels during the Spanish Civil War (1936–39) further drew the two countries together. The personal and ideological ties between the two dictators would eventually be politically and militarily consummated in May 1939 when the two countries signed the 'Pact of Steel'. Although Mussolini sometimes presented himself on the world stage as a calming influence on his German 'protégé', it soon became apparent that fascist Italy was the junior partner in the relationship.

The experience of the Ethiopian War in 1935–36 and a closer alliance with nazi Germany pushed the regime into a new racial consciousness. An 'African Empire' was declared by Mussolini from the balcony of Palazzo Venezia in May 1936 and the regime created a new entity, AOI (Africa Orientale Italiana). Laws were passed prohibiting the 'racial mixing' of Italian men and African women. Racists and anti-Semites such as Telesio Interlandi and Giovanni Preziosi were given greater voice. Yet Italians – Jew and Gentile alike – were shocked when the regime published its *Manifesto degli scienziati razzisti* in July 1938 [6.2]. That shock was compounded with the onset of a different kind of anti-Semitism that culminated in the Holocaust in Italy. Until 8 September 1943, Italian Jews were relatively safe; with the nazi occupation of the country, their fate would be only a little better than that of their European counterparts. Primo Levi [6.4] and Teresa Noce [6.5] recount their experiences in the death camps. Over 85 per cent of Italian Jews survived the Holocaust, a survival rate second only to Denmark. Controversy still swirls over the role of Pope Pius XII: did he save Jews by granting refuge in monasteries, convents and churches or was he negligent in not speaking and acting against nazism and fascism?

Fascist Italy's intervention, along with Nazi Germany, in the Spanish Civil War (1936–39) provided antifascists with their first opportunity to fight fascism with force. If the Ethiopian War was the high point of popular support, that support began to dissipate during the Spanish Civil War. Mussolini ordered that Italian antifascists who were caught were to be executed. At the battle of Guadalajara in March 1937, Mussolini's Corpo di Truppe Volontarie (who were not volunteers but mostly veterans of the Ethiopian War) were defeated by an Italian antifascist force. The battle of Guadalajara was fascism's most humiliating international defeat before World War II.

The war was almost an unmitigated disaster for Italy's armed forces. Not even Field Marshal Irwin Rommel's comment that 'The German soldier has astounded the world; the *bersaglieri* [Italian sharpshooters] have astounded the German soldier', could soften the blow to the regime's prestige. After restraining himself in September 1939, when Nazi Germany attacked Poland, Mussolini declared war on France on 10 June 1940 when that country's imminent fall was apparent. In October, Italy invaded Greece as part of Mussolini's plan to control the Mediterranean Sea. The Navy, the least fascistised of the armed forces, fared better but still suffered heavy losses. Perhaps most tragic was the Russian Expeditionary Force that Mussolini insisted on sending along with Hitler's invading armies; it completely perished on the Russian front.

Antifascists, led by the communists, successfully organized mass strikes in March 1943 protesting fascist Italy's continuing participation in a losing war and the dire economic and social conditions on the home front. In the summer of 1943, Rome was bombed by the Allies who also began an invasion of Sicily. Mussolini was deposed on 25 July 1943 but confusion reigned. Marshal Pietro Badoglio was named prime minister but his radio announcement that 'la guerra continua' was more confusing than inspiring. The *confinati* were released and the *fuorusciti* returned from exile, sparking the armed Resistance.[11] On 8 September 1943, Italy signed an armistice with the Allies and the next day the Comitato di Liberazione Nazionale (CNL) was formed. The CNL was comprised of five political parties, the PLI (Liberals), the DC (Christian Democrats), the PSI (Socialists), the PCI (Communists), and the Pd'A (Actionists). Tensions eventually developed between the CLN and the Allied Military Government over the CLN's role in postwar Italy. Mussolini was rescued by the nazis and installed in a puppet regime, the Republic of Salò. When Salò issued a decree calling for all able-bodied men to join its army, many fled instead into the hills, countryside and mountains and joined the Resistance. The PCI was the largest and most influential of the antifascist movements, followed by the Pd'A (Partito d'Azione) a movement founded on the legacy of Carlo Rosselli's Justice and Liberty organization. Along with Noce, Carla Capponi [7.2], Renata Viganò [7.5], and Ada Gobetti [9.1] here represent the important contribution made by Italian women to the armed Resistance. Cadorna [7.4], Fossati [8.2], Paladini [8.3], and Capriolo [8.4] are testimonies to the sacrifice demanded in the struggle for justice and liberty. Katz [8.5] details the horrors of the Ardeatine Caves massacre just outside Rome and Cervi [8.7] simply recounts the massacre of his seven sons, while Silone [7.3] offers a fictional account of fascist brutality.

Some Italians rallied to the Salò Republic and their activities remain controversial to this day: were they defending the honor of Italy from an invading foe (the Allies) or were they fanatical fascists determined to fight until the end? Prince Junio Valerio Borghese, from a noble Roman family, was symbolic of this choice. He commanded the notorious Decima Mas (a torpedo boat squadron) and carried out barbaric reprisals against the antifascist partisans. Sentenced to twelve years in prison after the war for his atrocities, Borghese was instead immediately released and became a prominent neo-fascist politician. In 1971, when his role in a murky right-wing coup d'etat was revealed, he fled to Spain. His funeral in Rome three years later was the occasion for a major neo-fascist demonstration. Borghese's story is recounted here as an indication of how fascism survived the immediate postwar period and became something of a force in Italian politics, even to this day. Others who were responsible for antifascist reprisals were the ironically-named Mario Carità, who organized the infamous Carità Band and worked with the SS and Gestapo in Florence, Pietro Koch, who committed atrocities in Rome, and Pietro Caruso, involved in the notorious Ardeatine Caves massacre [8.5]. Although a High Commission for the Expurgation of Fascism was created after the war, it failed to achieve its goals and was hampered by political conservatives in Italy.

The CNL and the Allies worked together (not without problems) and the war eventually came to an end. On 25 April 1945, Milan revolted, expelled the fascists and nazis and the war soon ended. 25 April is celebrated in Italy as a national holiday. Mussolini and his mistress Clara Petacci were captured by partisans on 27 April as they were trying to reach Switzerland, and executed the next day. Their battered bodies were hung upside down from a petrol station in Milan's Piazza Loreto, where antifascist partisans had recently been executed. Ferruccio Parri of the Partito d'Azione was Italy's first postwar prime minister (19 June to 24 November 1945). Parri had been active in the Resistance since the 1920s but was not able to manage the postwar peace. When the Liberals and Christian Democrats refused to follow his reform program, his government collapsed, initiating a four-decade long monopoly of power by the Christian Democrats. On 2 June 1946, the Italian people voted 54 to 46 per cent to abolish the monarchy and create an Italian Republic. A new Constitution [9.2], crafted by a constituent assembly, went into effect on the first day of 1948.

After the war, fascism and antifascism continued to play important roles in Italian politics, culture and society. The Action Party dissolved and the PCI became the largest communist party in western Europe. Fascism, although outlawed, survived in the *uomo qualunque* movement and the MSI (Movimento Sociale Italiano); it survives today in the guise of 'post-fascism' in the Alleanza Nazionale. Antifascism became – at least in official rhetoric and enshrined in the Constitution – the foundation of the Italian Republic. Some have criticised the 'myth' of antifascism and the waning years of the twentieth century have witnessed a sustained historiographical and political attack on the ideals of the Resistance [9.3]. Many though still defend the Resistance [9.4]. While recognizing its flaws and admitting its defects, one can still see it as a shining moment, an instance of hope, a possibility for renewal, and perhaps most tragically, a road not taken.

Notes

1 Domenico Settembrini, 'The Divided Left: After Fascism, What?' in *Italian Socialism: Between Politics and History*, ed. Spencer Di Scala (Amherst, Mass.: University of Massachusetts Press, 1996), p. 110.
2 Quoted in Giorgio Bocca, *Storia dell'Italia partigiana* (Milan: Mondadori, 1995), p. 416.
3 Ada Gobetti, *Diario partigiano* (Turin: Einaudi, 1956), p. 414.
4 Ferruccio Parri, *Scritti 1915–1975* (Milan: Feltrinelli, 1976), p. 179.
5 Alexander J. De Grand, *The Italian Left in the Twentieth Century* (Bloomington and Indianapolis: Indiana University Press, 1989), pp. 68–70.
6 On the charismatic Rosselli see Stanislao G. Pugliese, *Carlo Rosselli: Socialist Heretic and Antifascist Exile* (Cambridge, Mass.: Harvard University Press, 1999).
7 For an outstanding analysis of the term see Abbott Gleason, *Totalitarianism* (New York: Oxford University Press, 1995).
8 Alberto Asor Rosa, *Storia d'Italia*, vol. 4 (Turin: Einaudi, 1975), pp. 1471–88.
9 Carlo Rosselli, *Socialismo liberale* (Turin: Einaudi, 1997), p. 117.
10 *Exhibition of the Fascist Revolution : 1st decennial of the March on Rome.* English translation of *Mostra della rivoluzione fascista* (Rome: National Fascist Party, 1933).
11 For an excellent anthology of writings in Italian on the armed Resistance, see *The Italian Resistance: An Anthology*, ed. Philip Cooke (Manchester: Manchester University Press, 1997).

Chronology

1860–61	Italy unified under a constitutional monarchy.
1914	First World War begins; demonstrations in Italy by interventionists and their opponents; Mussolini, as editor of *Avanti!*, advocates intervention; is expelled from the PSI.
1915	Italy enters the war on the side of the Entente.
1918	First World War ends; terms of the Treaty of London denied by Wilson; myth of the 'mutilated victory' born.
1919	(23 March) Mussolini convenes the Fascio di Combattimento in Piazza San Sepolcro.
1919–22	Fascist violence in cities and countryside.
1922	(October) Mussolini threatens to 'March on Rome'.
1922	(28 October) King Vittorio Emanuele III invites Mussolini to form a government.
1923	Fascist *squadristi* transformed into MVSN (Voluntary Militia for National Security).
1924	(May–June) Reform socialist deputy Matteotti denounces fascist electoral fraud and violence; his assassination precipitates the 'Matteotti crisis' and the Aventine Secession.
1925	(3 January) In a speech before the Chamber of Deputies, Mussolini takes full responsibility for the Matteotti affair and challenges his opponents to remove him from office; King Vittorio Emanuele III refuses to ask for his resignation; 'Matteotti crisis' is overcome; beginnings of full dictatorship. *Fuorusciti* begin life in exile.
1926	Promulgation of Exceptional Laws (outlawing freedom of the press, association, political parties) effectively ends liberal parliamentary system in Italy and destroys the legal antifascist opposition. Regime inaugurates the Special Tribunal for the Defense of the State and OVRA (secret police).
1929	Justice and Liberty founded in Paris; establishes cells in northern and central Italy.
1935–35	Ethiopian War.
1936–39	Italian fascist and antifascist intervention in the Spanish Civil War.
1937	(27 April) Antonio Gramsci dies in prison; (9 June) Rosselli brothers assassinated.

1939	(September) Nazi Germany invades Poland; Second World War begins; Mussolini delays joining his Axis partner.
1940	(10 June) With the fall of France imminent on the anniversary of Matteotti assassination, Mussolini declares war on France and Britain.
1940–43	Military debacles in Greece, Albania, North Africa, Russia.
1943	(9–10 July) Allies troops land in Sicily; (25 July) Fascist Grand Council votes 'no confidence' in Mussolini who is removed from office by the King; Marshal Pietro Badoglio is named prime minister and announces that 'the war continues.'
	(8 September) Italy signs an armistice with the Allies who accept the country as a 'co-belligerent;' the next day the CLN is formed.
1943–45	Civil war in Italy.
1945	(25 April) Uprising in Milan.
1945	(27–28 April) Mussolini captured and executed.
1945	(19 June) Ferruccio Parri of the Action Party named prime minister.
1945	(24 November) Parri government falls.
1946	(2 June) A Constituent Assembly is elected to draft a new constitution and the monarchy ended.
1948	(1 January) The new Constitution takes effect.

Guide to further reading

The scholarship on fascism and antifascism in Italian is vast. Hence, this list is limited to texts in English.

A useful research tool is the *Historical Dictionary of Fascist Italy*, ed. Philip V. Cannistraro (Westport, Conn: Greenwood Press, 1982), as is James Tasato Mellone, *Fascist Italy: A Bibliography of Works in English* (forthcoming from Greenwood Press).

Excellent general and comparative studies of fascism include Roger Eatwell, *Fascism: A History* (New York: Penguin, 1995); Walter Lacqueur, *Fascism: Past, Present, Future* (New York: Oxford University Press, 1996); Stanley G. Payne, *A History of Fascism, 1914–1945* (Madison: University of Wisconsin Press, 1995); Alexander J. De Grand, *Fascist Italy and Nazi Germany: The 'Fascist' Style of Rule* (London; New York: Routledge, 1995); *Fascist Italy and Nazi Germany: Comparisons and Contrasts*, ed. Richard Bessel (New York: Cambridge University Press, 1996); Paul Brooker, *The Faces of Fraternalism: Nazi Germany, Fascist Italy, and Imperial Japan* (Oxford: Clarendon Press; New York: Oxford University Press, 1991).

On Italian fascism, see G. A. Borgese, *Goliath: The March of Fascism* (New York: Viking, 1937); John Whittam, *Fascist Italy* (Manchester: Manchester University Press, 1995); John F. Pollard, *The Fascist Experience in Italy* (London; New York: Routledge, 1998); Philip Morgan, *Italian Fascism, 1919–1945* (Houndmills, Basingstoke, Hampshire [England]: Macmillan, 1995); Martin Blinkhorn, *Mussolini and Fascist Italy* (London; New York: Routledge, 1994); Mark Robson, *Italy, Liberalism and Fascism 1870–1945* (London: Hodder & Stoughton, 1992); Edward Tannenbaum, *The Fascist Experience: Italian Society and Culture 1922–1945* (New York: Basic Books, 1972).

For early fascism and local studies see Alexander J. De Grand, *The Italian Nationalist Association and the Rise of Fascism in Italy* (Lincoln: University of Nebraska Press, 1978); Adrian Lyttelton, *The Seizure of Power: Fascism in Italy, 1919–1929* (London: Weidenfeld and Nicolson, 1973); David Roberts, *The Syndicalist Tradition and Italian Fascism* (Chapel Hill: University of North Carolina Press, 1979); Anthony L. Cardoza, *Agrarian Elites and Italian Fascism: The Province of Bologna, 1901–1926* (Princeton, N.J.: Princeton University Press, 1982); Jonathan Dunnage, *The Italian Police and the Rise of Fascism: A Case Study of the Province of Bologna, 1897–1925* (Westport, Conn.: Praeger, 1997); Alice A. Kelikian, *Town and Country Under Fascism:*

The Transformation of Brescia, 1915–1926 (Oxford: Clarendon Press; New York: Oxford University Press, 1986); Paul Corner, *Fascism in Ferrara, 1915–1925* (London; New York: Oxford University Press, 1975); Alexander J. De Grand, *Italian Fascism: Its Origins & Development* (Lincoln: University of Nebraska Press, 1982); Frank M. Snowden, *Violence and Great Estates in the South of Italy: Apulia, 1900–1922* (Cambridge; New York: Cambridge University Press, 1986).

For documents, see the reader edited by Roger Griffin, *Fascism* (Oxford; New York: Oxford University Press, 1995) and *Mediterranean Fascism, 1919–1945*, ed. Charles F. Delzell (New York: Macmillan, 1970); Shepard B. Clough and Salvatore Saladino, *A History of Modern Italy: Documents, Readings, Commentary* (New York: Columbia University Press, 1968).

Biographies of Mussolini include: Denis Mack Smith, *Mussolini: A Biography* (New York: Knopf, 1982); Jasper Ridley, *Mussolini: A Biography* (New York: St. Martin's Press, 1998); older studies in English include Laura Fermi (Jewish wife of Nobel Prize winner physicist Enrico Fermi) *Mussolini* (Chicago: University of Chicago Press, 1961); James A. Gregor, *Young Mussolini and the Intellectual Origins of Fascism* (Berkeley: University of California Press, 1979); Ivone Kirkpatrick, *Mussolini: A Study in Power* (New York: Hawthorne Books, 1964); Richard B. Lyttle, *Il Duce: The Rise & Fall of Benito Mussolini* (New York: Athenaeum, 1987); D. G. Williamson, *Mussolini: From Socialist to Fascist* (London: Hodder & Stoughton, 1997); Richard Lamb, *Mussolini and the British* (London: John Murray, 1997); Christopher Hibbert, *Benito Mussolini, a Biography* (London: Longmans, 1962); George Seldes, *Sawdust Caesar: The Untold History of Mussolini and Fascism* (New York: Harper, 1935); Gaudens Megaro, *Mussolini in the Making* (London: Allen and Unwin, 1938); Richard Collier, *Duce! The Rise and Fall of Benito Mussolini* (London: Collins, 1971); of interest for historical reasons are Margherita Grassini Sarfatti, *The Life of Benito Mussolini* with a preface by Benito Mussolini, translated by Frederic Whyte (London: T. Butterworth, Ltd., 1925); Rachele Mussolini, *Mussolini: An Intimate Biography by his Widow*, as told to Albert Zarca (New York: Morrow, 1974); Benito Mussolini, *My Autobiography* (New York: Charles Scribner's Sons: 1928) and Benito Mussolini, *My Rise and Fall* (New York: Da Capo Press, 1998).

English and American biographers have focused their attention on Mussolini; the only other biographies of fascist leaders in English are Claudio G. Segre, *Italo Balbo: A Fascist Life* (Berkeley: University of California Press, 1987) and Ray Moseley, *Mussolini's Shadow: The Double Life of Count Galeazzo Ciano* (New Haven; London: Yale University Press, 1999).

On the antifascist Resistance, see Charles F. Delzell, *Mussolini's Enemies: The Italian Antifascist Resistance* (Princeton, N.J.: Princeton University Press, 1961; reprint New York: Howard Fertig, 1974); Frank Rosengarten,

The Italian Anti-Fascist Press, 1919–1945 (Cleveland: Case Western Reserve University Press, 1968); Piero Gobetti, *On Liberal Revolution*, edited and with an introduction by Nadia Urbinati; transalted by William McCraig (New Haven; London: Yale University Press, 2000); David Ward, *Antifascisms. Cultural Politics in Italy, 1943–46: Benedetto Croce and the Liberals, Carlo Levi and the 'Actionists'* (Madison, New Jersey: Fairleigh Dickinson University Press, 1996); *'Never Give In' The Italian Resistance and Politics*, eds Alastair Davidson and Steve Wright (New York: Peter Lang, 1998); Maria Blasio Wilhelm, *The Other Italy: Italian Resistance in World War II* (New York: Norton, 1988); Dante Anthony Puzzo, *The Partisans and the War in Italy* (New York: Peter Lang, 1992); Stanislao G. Pugliese, *Carlo Rosselli: Socialist Heretic and Antifascist Exile* (Cambridge, Mass.: Harvard University Press, 1999). There is a vast and impressive library of works in English on Antonio Gramsci, see especially John Cammett, *Antonio Gramsci and the Origins of the Italian Communist Party* (Stanford: Stanford University Press, 1967); Carl Levy, *Gramsci and the Anarchists* (Oxford; New York: Berg, 1999); *Selections From the Prison Notebooks*, eds. Quintin Hoare and Geoffrey Nowell Smith (New York: International Publishers, 1971); *Letters From Prison*, 2 vols., ed. Frank Rosengarten, trans. Raymond Rosenthal (New York: Columbia University Press, 1994); *Prison Notebooks*, vol. 1, ed. Joseph A. Buttigieg (New York: Columbia University Press, 1992); *An Antonio Gramsci Reader*, ed. David Forgacs (New York: Schocken Books, 1988).

Cultural studies of fascism include Ruth Ben-Ghiat, *Fascist Modernities: Italy, 1922–1945* (Berkeley: University of California Press, 2001); Emily Braun, *Mario Sironi and Italian Modernism: Art and Politics Under Fascism* (Cambridge: Cambridge University Press, 2000); Marla Susan Stone, *The Patron State: Culture & Politics in Fascist Italy* (Princeton, N.J.: Princeton University Press, 1998); Barbara Spackman, *Fascist Virilities: Rhetoric, Ideology, and Social Fantasy in Fascist Italy* (Minneapolis: University of Minnesota Press, 1996); Simonetta Falasca-Zamponi, *Fascist Spectacle: The Aesthetics of Power in Mussolini's Italy* (Berkeley: University of California Press, 1997); Emilio Gentile, *The Sacralization of Politics in Fascist Italy*, trans. Keith Botsford (Cambridge, Mass.: Harvard University Press, 1996); Mabel Berezin, *Making the Fascist Self: The Political Culture of Interwar Italy* (Ithaca, NY: Cornell University Press, 1997); earlier studies include Victoria De Grazia, *The Culture of Consent: Mass Organization of Leisure in Fascist Italy* (Cambridge; New York: Cambridge University Press, 1981); Tracy H. Koon, *Believe, Obey, Fight: Political Socialization of Youth in Fascist Italy, 1922–1943* (Chapel Hill: University of North Carolina Press, 1985); Carl Ipsen, *Dictating Demography: The Problem of Population in Fascist Italy* (Cambridge; New York: Cambridge University Press, 1996); Edward R. Tannenbaum, *The Fascist Experience: Italian Society and*

27

Culture, 1922–1945 (New York: Basic Books, 1972); Frances Keene, *Neither Liberty nor Bread* (New York; London: Harper & Brothers, 1940); Doug Thompson, *State Control in Fascist Italy: Culture and Conformity, 1925–43* (Manchester: Manchester University Press, 1991); *Exhibition of the Fascist Revolution: 1st decennial of the March on Rome.* English translation of *Mostra della rivoluzione fascista* (Rome: National Fascist Party, 1933).

On film, see James Hay, *Popular Film Culture in Fascist Italy: The Passing of the Rex* (Bloomington: Indiana University Press, 1987); Angela Dalle Vacche, *The Body in the Mirror: Shapes of History in Italian Cinema* (Princeton, N.J.: Princeton University Press, 1992); Marcia Landy, *Fascism in Film: the Italian Commercial Cinema, 1931–1943* (Princeton, N.J.: Princeton University Press, 1986).

On economics and the corporate state, see the contemporary account by a sympathetic author Carl Theodore Schmidt, *The Corporate State in Action: Italy Under Fascism* (New York; Oxford University Press, 1939); Roland Sarti, *Fascism and the Industrial Leadership in Italy, 1919–1940: A Study in the Expansion of Private Power Under Fascism* (Berkeley: University of California Press, 1971).

On fascism and the Catholic Church, see Richard A. Webster, *The Cross and the Fasces: Christian Democracy and Fascism in Italy* (Stanford: Stanford University Press, 1960); John N. Molony, *The Emergence of Political Catholicism in Italy: Partito Popolare 1919–1926* (London: C. Helm, 1977); Peter C. Kent, *The Pope and the Duce: The International Impact of the Lateran Agreements* (London: Macmillan, 1981).

On women, see Victoria De Grazia, *How Fascism Ruled Women: Italy, 1922–1945* (Berkeley: University of California Press, 1992); Robin Pickering-Iazzi, *Politics of the Visible: Writing Women, Culture, and Fascism* (Minneapolis: University of Minnesota Press, 1997) and her edited collection, *Mothers of Invention: Women, Italian Fascism, and Culture* (Minneapolis: University of Minnesota Press, 1995); Perry R. Willson, *The Clockwork Factory: Women and Work in Fascist Italy* (Oxford: Clarendon Press; New York: Oxford University Press, 1993); David G. Horn, *Social Bodies: Science, Reproduction, and Italian Modernity* (Princeton, N.J.: Princeton University Press, 1994); on women and antifascism, see Jane Slaughter, *Women and the Italian Resistance, 1943–1945* (Denver, Colorado: Arden Press, 1997).

Some specialized works include John P. Diggins, *Mussolini and Fascism: The View from America* (Princeton, N.J.: Princeton University Press, 1972); Roy Palmer Domenico, *Italian Fascists on Trial, 1943–1948* (Chapel Hill: University of North Carolina Press, 1991); Christopher Duggan, *Fascism and the Mafia* (New Haven: Yale University Press, 1989); Luisa Passerini, *Fascism in Popular Memory: The Cultural Experience of the Turin Working*

Class, trans. by Robert Lumley and Jude Bloomfield (Cambridge; New York: Cambridge University Press, 1987).

Memoirs: Gordon Lett, *Rossano, an Adventure of the Italian resistance*, with a foreword by Freya Stark (London: Hodder and Stoughton, 1955); Giovanni Pesce, *And No Quarter: An Italian Partisan in World War II*, trans. Frederick M. Shaine (Athens, Ohio: Ohio University Press, 1972); Charles Esme Thornton Warren, *The Broken Column* (London: Harrap, 1966); Laurence Lewis, *Echoes of Resistance: British Involvement with the Italian Partisans* (Tunbridge Wells, Kent: Costello, 1985); Charles Macintosh, *From Cloak to Dagger: An SOE Agent in Italy, 1943–1945* (London: W. Kimber, 1982); Roy Alexander Farran, *Operation Tombola* (London: Collins, 1960); Stuart Clink Hood, *Pebbles From My Skull* (London: Hutchinson, 1963); Riccardo Luzzatto, *Unknown War in Italy* (London: The New Europe Pub. Co. Ltd., 1946).

On the Jews and the Holocaust in Italy, see Meir Michaelis, *Mussolini and the Jews: German–Italian Relations and the Jewish Question in Italy, 1922–1945* (Oxford: Clarendon Press, 1978); Susan Zuccotti, *The Italians and the Holocaust: Persecution, Rescue, Survival* (New York: Basic Books, 1987; reprint Lincoln: University of Nebraska Press, 1996); Susan Zuccotti, *Under His Very Windows: The Vatican and the Holocaust* (New Haven; London: Yale University Press, 2000); Alexander Stille, *Benevolence and Betrayal: Five Italian Jewish Families Under Fascism* (New York: Summit Books, 1991); Nicola Caracciolo, *Italy and the Jews During the Holocaust*, ed. and trans. Florette Rechnitz Koffler and Richard Koffler (Urbana: University of Illinois Press, 1995).

More theoretical analyses: Roger Griffin, *The Nature of Fascism* (London and New York: Routledge, 1993); R. J. B. Bosworth, *The Italian Dictatorship: Problems and Perspectives in the Interpretation of Mussolini and Fascism* (London: Arnold, 1998); Renzo De Felice, *Fascism: An Informal Introduction to its Theory and Practice; An Interview with Michael A. Ledeen* (New Brunswick, N.J.: Transaction Books, 1976); Renzo De Felice, *Interpretations of Fascism*, trans. Brenda Huff Everett (Cambridge: Harvard University Press, 1977); *Italian Fascism: History, Memory, and Representation*, eds. R. J. B. Bosworth and Patrizia Dogliani (Houndmills, Basingstoke, Hampshire: Macmillan; New York: St. Martin's Press, 1999).

On the Second World War, see Brian Lamb, *War in Italy, 1943–1945: A Brutal Story* (New York: Da Capo Press, 1996); MacGregor Knox, *Mussolini Unleashed, 1939–1941: Politics and Strategy in Fascist Italy's Last War* (Cambridge; New York: Cambridge University Press, 1982); for an account rather sympathetic to Mussolini see Edwin Palmer Hoyt, *Mussolini's Empire: The Rise and Fall of the Fascist Vision* (New York: J. Wiley, 1994); Elizabeth Wiskemann, *The Rome–Berlin Axis: A Study of the Relations Between Hitler and Mussolini* (London: Collins, 1966); F. W. Deakin, *The Brutal Friendship; Mussolini, Hitler, and the Fall of Italian Fascism* (Harmondsworth, Middlesex: Penguin Books, 1962); W. Vincent Arnold, *The Illusion of Victory: Fascist Propaganda and the Second World War* (New York: Peter Lang, 1998).

On fascism after the Second World War, see Leonard B. Weinberg, *After Mussolini: Italian Neo-Fascism and the Nature of Fascism* (Washington: University Press of America, 1979) and Franco Ferraresi, *Threats to Democracy: The Radical Right in Italy after the War* (Princeton: Princeton University Press, 1996).

1 The roots of fascism

1.1 Filippo Tommaso Marinetti, 'Fondazione e Manifesto del Futurismo', *Le Figaro* (Paris), 20 February 1909, in Mario Verdone, *Il futurismo* (Rome: Tascabili Economici Newton, 1994), 83–6.

Futurism was one of the first avant-garde movements of the twentieth century. It sprang from the febrile mind of Filippo Tommaso Marinetti, who published the Futurist Manifesto in the Paris daily, *Le Figaro*, on 20 February 1909. Futurism glorified action, technology, and war, shocking contemporary bourgeois society. The Futurists insisted on 'burning down the libraries and flooding the museums' in order to free modern artists from the oppressive and dead weight of past aesthetic tradition. In the early 1920s Futurism and fascism seemed a natural alliance; but as the regime became entrenched in power, it shed its revolutionary image and, accordingly, its association with Futurism. Although Marinetti was inducted into the Fascist Italian Academy, fascist aesthetic policy became increasingly conservative and its ties with Futurism were eventually severed. The First World War defused much of the revolutionary impetus of Futurism even as it brought Futurist aesthetics into the larger European society.

Avevamo vegliato tutta la notte – i miei amici ed io – sotto lampade di moschea dalle cupole di ottone traforato, stellate come le nostre anime, perché come queste irradiate dal chiuso fulgòre di un cuore elettrico. Avevamo lungamente calpestata su opulenti tappeti orientali la nostra atavica accidia, discutendo davanti ai confini estremi della logica ed annerendo molta carta di frenetiche scritture.

Un immenso orgoglio gonfiava i nostri petti, poiché ci sentivamo soli, in quell'ora, ad esser desti e ritti, come fari superbi o come sentinelle avanzate, di fronte all'esercito delle stelle nemiche, occhieggianti dai loro celesti accampamenti. Soli coi fuochisti che s'agitavano davanti ai forni infernali delle grandi navi, soli coi neri fantasmi che frugano nelle pance arroventate delle locomotive lanciate a pazza corsa, soli cogli ubriachi annaspanti, con un incerto batter d'ali, lungo i muri della città.

Sussultammo ad un tratto, all'udire il rumore formidabile degli enormi tramvia a due piani, che passano sobbalzando, risplendenti di luci multicolori, come i villagi in festa che il Po straripato squassa e sràdica d'improvviso, per trascinarli fino al mare, sulle cascate e attraverso i gorghi di un diluvio.

Poi il silenzio divenne più cupo. Ma mentre ascoltavamo l'estenuato borbottìo di preghiere del vecchio canale e lo scricchiolar dell'ossa dei palazzi moribondi sulle loro barbe di umida verdura, noi udimmo subitamente ruggire sotto le finestre gli automobili famelici.

'Andiamo, diss'io, andiamo, amici! Partiamo! Finalmente, la mitologia e l'ideale mistico sono superati. Noi stiamo per assistere alla nascita del Centauro e per presto vedremo volare i primi Angeli! ... Bisognerà scuotere le porte della vita per provarne i cardini e i chiavistelli! ... Partiamo! Ecco, sulla terra, la primissima aurora! Non v'è cosa che aggualgi lo splendore della rossa spada del sole che schermeggia per la prima volta nelle nostre tenebre millenarie! ...

Ci avvicinammo alle tre belve sbuffanti, per palparne amorosamente i torridi petti. Io mi stesi sulla mia macchina come un cadavere nella bara, ma subito risuscitai sotto il volante, lama di ghighiottina che minacciava il mio stomaco.

La furente scopa della pazzia ci strappò a noi stessi e ci cacciò attraverso le vie, scoscese e profonde come letti di torrenti. Qua e là una lampada malata, dietro i vetri d'una finestra, c'insegnava a disprezzare la fallace matematica dei nostri occhi perituri.

Io gridai: 'Il fiuto, il fiuto solo, basta alle belve!'

E noi, come giovani leoni, inseguivamo la Morte, dal pelame nero maculato di pallide croci, che correva via pel vasto cielo violaceo, vivo e palpitante.

Eppure non avevamo un'Amante ideale che ergesse fino alle nuvole la sua sublime figura, né una Regina crudele a cui offrire le nostre salme, contorte a guisa di anelli bizantini! Nulla, per volere morire, se non il desiderio di liberarci finalmente dal nostro coraggio troppo pesante!

E noi correvamo schiacciando su le soglie delle case i cani da guardia che si arrotondavano, sotto i nostri pneumatici scottanti, come solini sotto il ferro da stirare. La Morte, addomesticata, mi sorpassava ad ogni svolta, per porgermi la zampa con grazia, e a quando a quando si stendeva a terra con un rumore di mascelle stridenti, mandandomi, da ogni pozzanghera, sguardi vellutati e carezzevoli.

'Usciamo dalla saggezza come da un orribile guscio, e gettiamoci, come frutti pimentati d'orgoglio entro la bocca immensa e torta del vento! ... Diamoci in pasto all'Ignoto, non già per disperazione, ma soltanto per colmare i profondi pozzi dell'Assurdo!

Avevo appena pronunziate queste parole, quando girai bruscamente su me stesso, con la stessa ebrietà folle dei cani che voglion mordersi la coda, ed ecco ad un tratto venirmi incontro due ciclisti, che mi diedero torto, titubando davanti a me come due ragionamenti, entrambi persuasivi e nondimeno contradittorii. Il loro stupido dilemma discuteva sul mio terreno ... Che noia! Auff! ... Tagliai corto, e, pel disgusto, mi scaravantai colle ruote all'aria in un fossato ...

Oh! materno fossato, quasi pieno di un'acqua fangosa! Bel fossato d'officina! Io gustai avidamente la tua melma fortificante, che mi ricordò la santa mammella nera della mia nutrice sudanese ... Quando mi sollevai – cencio sozzo e puzzolente – di sotto la macchina capovolta, io mi sentii attraversare il cuore, deliziosamente, dal ferro arroventato della gioia!

Una folla di pescatori armati di lenza e di naturalisti podagrosi tumultuava già intorno al prodigio. Con cura paziente e meticolosa, quella gente dispose alte armature ed enormi reti di ferro per pescare il mio automobile, simile ad un gran pescecane arenato. La macchina emerse lentamente dal fosso, abbandonando nel fondo, come squame, la sua pesante carrozzeria di buon senso e le sue morbide imbottiture di comodità.

Credevo che fosse morto, il mio bel pescecane, ma una mia carezza bastò a rianimarlo, ed eccolo riuscitato, eccolo in corsa, di nuovo, sulle sue pinne possenti!

Allora, col volto coperto della buona melma delle officine – impasto di scorie metalliche, di sudori inutili, di fuliggini celesti – noi, contusi e fasciate le braccia ma impavidi, dettammo le nostre prime volontà a tutti gli uomini *vivi* della terra:

Manifesto del futurismo

1. Noi vogliamo cantare l'amore del pericolo, l'abitudine all'energia e alla temerità.

2. Il coraggio, l'audacia, la ribellione, saranno elementi essenziali della nostra poesia.

3. La letteratura esaltò fino ad oggi l'immobilità pensosa, l'estasi e il sonno. Noi vogliamo esaltare il movimento aggressivo, l'insonnia febbrile, il passo di corsa, il salto mortale, lo schiaffo ed il pugno.

4. Noi affermiamo che la magnificenza del mondo si è arricchita di una bellezza nuova: la bellezza della velocità. Un automobile da corsa col suo cofano adorno di grossi tubi simili a serpenti dall'alito esplosivo ... un automobile ruggente, che sembra correre sulla mitraglia, è più bello della *Vittoria di Samotracia*.

5. Noi vogliamo inneggiare all'uomo che tiene il volante, la cui asta ideale attraversa la Terra, lanciata a corsa, essa pure sul circuito della sua orbita.

6. Bisogna che il poeta si prodighi, con ardore, sfarzo e munificenza, per aumentare l'entusiastico fervore degli elementi primordiali.

7. Non v'è più bellezza, se non nella lotta. Nessuna opera che non abbia un carattere aggressivo può essere considerata un capolavoro. La poesia deve essere concepita come un violento assalto contro le forze ignote, per ridurle a prostrarsi davanti all'uomo.

8. Noi siamo sul promontorio estremo dei secoli! ... Perché dovremmo guardarci alle spalle se vogliamo sfondare le misteriose porte dell'impossibile? Il Tempo e lo Spazio morirono ieri. Noi viviamo già nell'assoluto, poiché abbiamo già creata l'eterna velocità onnipresente.

9. Noi vogliamo glorificare la guerra – sola igiene del mondo – il militarismo, il patriottismo, il gesto distruttore dei libertari, le

belle idee per cui si muore e il disprezzo della donna.

10. Noi vogliamo distruggere i musei, le biblioteche, le accademie d'ogni specie e combattere contro il moralismo, il femminismo e contro ogni viltà opportunistica o utilitaria.

11. Noi canteremo le grandi folle agitate dal lavoro, dal piacere o dalla sommossa: canteremo le maree multicolori e polifoniche delle rivoluzioni nelle capitali moderne; canteremo il vibrante fervore notturno degli arsenali e dei cantieri incendiati da violente lune elettriche; le stazioni ingorde, divoratrici di serpi che fumano; le officine appese alle nuvole pei contorti fili dei loro fumi; i ponti simili a ginnasti giganti che scavalcano i fiumi, balenanti al sole con un luccichio di coltelli; i piroscafi avventurosi che fiutano l'orizzonte, le locomotive dall'ampio petto, che scalpitano sulle rotaie, come enormi cavalli d'acciaio imbrigliati di tubi, e il volo scivolante degli aeroplani, la cui elica garrisce al vento come una bandiera e sembra applaudire come una folla entusiasta.

È dall'Italia, che noi lanciamo pel mondo questo nostro manifesto di violenza travolgente e incendiaria, col quale fondiamo oggi il 'Futurismo', perché vogliamo liberare questo paese dalla sua fetida cancrena di professori, d'archeologhi, di ciceroni e d'antiquarii.

Già per troppo l'Italia è stata un mercato di rigattieri. Noi vogliamo liberarla dagl'innumerevoli musei che la coprono tutta di cimiteri innumerevoli.

Musei: cimiteri! … Identici, veramente per la sinistra promoscuità di tanti corpi che non si conoscono. Musei: dormitori pubblici in cui si riposa per sempre accanto ad esseri odiati o ignoti! Musei: assurdi macelli di pittori e scultori che vanno trucidandosi ferocemente a colpi di colori e di linee, lungo le pareti contese!

Che ci si vada in pellegrinaggio, una volta all'anno, come si va al Camposanto nel giorno dei morti … ve lo concedo. Che una volta all'anno sia deposto un omaggio di fiori davanti alla *Gioconda*, ve lo concedo … Ma non ammetto che si conducano quotidianamente a passeggio per i musei le nostre tristezze, il nostro fragile coraggio, la nostra morbosa inquietudine. Perché volersi avvelenare? Perché volere imputridire?

E che mai si può vedere, in un vecchio quadro, se non la faticosa contorsione dell'artista, che si sforzò di infrangere le insuperabili barriere opposte al desiderio di esprimere interamente il suo sogno? ... Ammirare un quadro antico equivale a versare la nostra sensibilità in un'urna funeraria, invece di proiettarla lontano, in violenti getti di creazione e di azione.

Volete dunque sprecare tutte le vostre migliori forze, in questa eterna ed inutile ammirazione del passato, da cui uscite fatalmente esausti, diminuiti e calpesti?

In verità io vi dichiaro che la frequentazione quotidiana dei musei, delle biblioteche e delle accademie (cimiteri di sforzi vani, calvarii di sogni crocifissi, registri di slanci troncati! ...) è, per gli artisti, altrettanto dannosa che la tutela prolungata dei parenti per certi giovani ebbri del loro ingegno e della loro volontà ambiziosa. Per i moribondi, per gl'infermi, pei prigionieri, sia pure: l'ammirabile passato è forse un balsamo ai loro mali, poiché per essi l'avvenire è sbarrato ... Ma noi non vogliamo più saperne, del passato, noi, giovani e forti *futuristi*!

E vengano, dunque, gli allegri incendiarii dalle dita carbonizzate! Eccoli! Eccoli! ... Suvvia! Date fuoco agli scaffali delle biblioteche ...Sviate il corso dei canali, per inondare i musei! ... Oh, la gioia di veder galleggiare alla deriva, lacere e stinte su quelle acque, le vecchie tele gloriose! ... Impugnate i picconi, le scuri, i martelli e demolite, demolite senza pietà le città venerate!

I più anziani fra noi hanno trent'anni: ci rimane dunque almeno un decennio, per compier l'opera nostra. Quando avremmo quarant'anni, altri uomini più giovani e più validi di noi, ci gettino pure nel cestino, come manoscritti inutili. Noi lo desideriamo!

Verranno contro di noi, i nostri successori; verranno di lontano, da ogni parte, danzando su la cadenza alata dei loro primi canti, protendendo dita adunche di predatori, e fiutando caninamente, alle porte delle accademie, il buon odore delle nostre menti in putrefazione, già promesse alle catacombe delle biblioteche.

Ma noi non saremo là ... Essi ci troveranno alfine – una notte d'inverno – in aperta campagna, sotto una triste tettoia tamburellata da una pioggia monotona, e ci vedranno accoccolati accanto ai nostri aeroplani trepidanti e nell'atto di scaldarci le mani al

fuocherello meschino che daranno i nostri libri d'oggi fiammeg-
giando sotto il volo delle nostre immagini.

Essi tumultueranno intorno a noi, ansando per angoscia e per
dispetto, e tutti, esasperati dal nostro superbo, instancabile ardire,
si avventeranno per ucciderci, spinti da un odio tanto più
implacabile inquantoché i loro cuori saranno ebbri di amore e di
ammirazione per noi.

La forte e sana Ingiustizia scoppierà radiosa nei loro occhi.
L'arte, infatti, non può essere che violenza, crudeltà ed ingiustizia.

I più anziani fra noi hanno trent'anni: eppure, noi abbiamo già
sperperati tesori, mille tesori di forza, di amore, d'audacia,
d'astuzia e di rude volontà; li abbiamo gettati via impazienta-
mente, in furia, senza contare, senza mai esitare, senza riposarci
mai, a perdifiato … Guardateci! Non siamo ancora spossati! I
nostri cuori non sentono alcuna stanchezza, poiché sono nutriti di
fuoco, di odio e di velocità! … Ve ne stupite? … È logico, poiché
voi non vi ricordate nemmeno di aver vissuto! Ritti sulla cima del
mondo, noi scagliamo una volta ancora la nostra sfida alle stelle!

Ci opponete delle obiezioni? … Basta! Basta! Le conosciamo
… Abbiamo capito! … La nostra bella e mendace intelligenza ci
afferma che noi siamo il riassunto e il prolungamento degli avi
nostri. Forse! … Sia pure! … Ma che importa? Non vogliamo
intendere! … Guai a chi ci ripeterà queste parole infami! …

Alzate la testa! …

Ritti sulla cima del mondo, noi scagliamo, una volta ancora, la
nostra sfida alle stelle! …

1.2   Enrico Corradini, 'L'opera del nazionalismo italiano', in *Discorsi politici* (Florence: Vallecchi, 1923), 233–47.

Nationalism was a European-wide phenomenon which assumed its modern
form with the French Revolution. Imperialism and economic competition
in the nineteenth century inflamed nationalist passions which exploded in
the First World War. Enrico Corradini (1865–1931) was the major
exponent of Italian nationalism around the turn of the last century. He was

the founder and leading theoretician of the Italian Nationalist movement, created in 1910. As editor and director of such influential literary journals as *Germinal* and *Il Marzocco*, he developed a modern strain of 'proletarian nationalism' meant to defuse the revolutionary potential of the working class and to incorporate it into the nation-state. Corradini's nationalism stressed militarism, imperialism, a strong executive, national will, social cohesion, and the replacement of the parliamentary system with a corporate regime. In 1911–12, Corradini influenced public opinion in favour of the Libyan War and, in 1915, Italy's entrance into the First World War. In 1923, the Italian Nationalist Association was incorporated into the Fascist Party. This speech was given in Rome before the Italian Nationalist Association on 14 February 1914.

L'opera del nazionalismo italiano, essendo mescolata con la cronaca quotidiana, non appare oggi nella sua pienezza e nella sua chiarezza.

Ma ciascuno di noi sente, il più giovane meglio del più provetto, ciascuno di noi sente di essere operaio dell'avvenire nazionale. In ciascuno di noi è, nel più giovane meglio che nel più provetto, in ciascuno di noi è una coscienza simile a quella dell'artista, quando crea. Tutti noi ci rendiamo conto d'una creazione nostra involuta con la cronaca comune. E perciò siamo certi che un giorno l'opera nostra apparirà nella sua precisione perfetta e nella sua magnifica importanza. Senza orgoglio, ma con semplicità di fede affermiamo che molto di quanto faranno gli Italiani delle future generazioni, è in noi, come l'atto è nella volontà, prima che sia espresso.

Ciò che intanto appare evidente anche alla incerta luce, è questo: il nazionalismo italiano segue una linea di condotta dirittissima nel suo svilupparsi, come tutte le cose le quali non sono per arbitrio di uomini, ma per necessità storica. Questo, appunto, più nel nazionalismo italiano mi meraviglia e mi riempie di gioia: il suo rigoroso procedere metodico. È esso stesso un metodo di revisione dei valori politici contemporanei in Italia, e via via che viene applicandosi, acquista una sempre maggiore penetrazione. Noi siamo i dissolventi sempre più addentro e sempre più corrosivi delle vecchie formazioni politiche, mentre apriamo la via alla nuova formazione politica di cui siamo artefici.

Quale fu infatti il nostro primo atto? Nato dall'orrore per la negazione della suprema finalità nazionale, la politica estera, il nazionalismo prontamente e in modo grandioso si iniziò con una affermazione di suprema finalità nazionale con la sua propaganda per Tripoli. Ma dopo avere accompagnata la guerra datosi a una revisione della vita interna, subito prese di fronte il suo nemico più grosso e più grossolano, la menzogna democratica, finché ora eccoci a questa più sottile revisione de' nostri affini e alleati, i liberali.

Nella quale credo utile comune, nostro e loro, continuare. Ebbene, quanto c' è di vero nella sopraddetta affinità tra liberali e nazionalisti?

Se voi date ascolto ai nostri amici e alleati, siamo presso a poco la stessa cosa. Mentre un capo del liberalismo pubblicamente negava la nostra ragione di essere, perché ci sono loro, i liberali, un altro capo diceva a me in privato: Io vi considero come la mia estrema destra. – E da per tutto, da Venezia a Milano, da Milano a Torino, da Torino a Genova, da Genova a Napoli, mi son sentito ripetere che noi siamo la loro avanguardia, una avanguardia bene accetta, specie da quando abbiamo dato prova di qualche valore nelle campagne elettorali.

Al contrario, i nazionalisti sono assai più riservati e parchi. Tutti noi sentiamo che non è precisamente la stessa cosa. E se alla giovanissima generazione nazionalista, a quella che è nazionalista per privilegio di nascita e mena volentieri le mani coi socialisti, io dicessi Voi siete una sezione, alquanto più vivace, dei liberali, – essa mi guarderebbe male e si meraviglierebbe di me.

[...]

Oggi in Italia le 'masse' popolari sono o cattoliche o socialiste. Lo Stato italiano ha una lite col cattolicismo e una lite col socialismo. Pure dà alle masse cattoliche, alle masse socialiste il suffragio senza pensare ad altro. Senza pensare ad armare se stesso di una qualche difesa contro l'arma che mette in mano a chi può voltarla contro di lui. E se i cattolici non lo fanno, ciò prova soltanto che i cattolici italiani, a dispetto dei clericali e degli anticlericali, sono buoni cittadini italiani; ma lo fanno i socialisti. Ma così i nostri pii sacerdoti dell'idealismo liberale celebrano i sacri riti delle alte giustizie astratte dicendo: Tutti gli Italiani senza distinzione non hanno combattuto in Libia? E tutti gli Italiani senza distinzione hanno diritto al voto! Ma perdio, rispondiamo noi, che forse i nostri soldati morirono in Libia per uno scherzo, o morirono per qualcosa di serio? Morirono per qualcosa di serio, il bene della Patria, né per meno è lecito domandare la vita a un giovane di vent'anni. E allora, signori miei sacerdoti delle alte giustizie, allora se il bene della Patria ha tale prezzo che per esso l'uomo deve morire, allora, quando di qualcosa che possa toccare il bene della Patria bisogna decidere, il bene della Patria si deve tener d'occhio e non altro. Discutendosi, cioè, dell'allargamento del voto, si doveva considerare se questo era utile all'Italia, in questo momento, e non soltanto se era dovuto ai cittadini, e ciò proprio per la memoria di coloro che al contrario furono invocati a sostenere il diritto dei cittadini, per la memoria di coloro che morirono in Libia. Non, certamente, non certamente morirono laggiù, perché dopo poco a Milano da dodicimila sciagurati fosse portato in trionfo un pazzo sanguinario, rinnegatore della Patria tra i peggiori stranieri. Ma bisognava sacrificare alle alte giustizie, e i pii sacerdoti sacrificarono!

[...]

Sistema misto il nostro, democratico e aristocratico insieme, è democratico nella accettazione del continuo rinnovamento dei valori, nazionalmente e imperialisticamente di profonda democrazia in ciò, secondo le leggi mondiali; ma è aristocratico nella concezione dello Stato che dentro di sé elabora i fini suoi.

Ancora una volta si torna a proclamare al mondo che lo Stato liberale, lo Stato democratico, lo Stato sociale, sono degenerazioni dello Stato. Il quale può dare la libertà, accogliere la democrazia, attuare magari il socialismo; ma in quanto è Stato, se non vuol tradire se stesso, non può essere se non Stato che non tollera aggettivi, tranne uno: nazionale.

E in ciò lo Stato è aristocratico. Perché la stessa nazione è fatta di natura aristocratica in quanto è di natura spirituale.

Ed ecco un'altra verità fondamentale del nazionalismo italiano, la spiritualità della nazione, come l'altra è la necessità della lotta internazionale.

Con queste tre verità, Stato nazionale, lotta e spiritualità, il nazionalismo rinnova tutta la politica e come pensiero e come azione.

E con le stesse può avviare l'Italia verso maggiore storia. Con la sua verità statale può darle l'organo, con la sua verità internazionale può darle l'azione, con la sua verità spirituale può darle il fine supremo. Il fine di trasformare quella porzione del mondo dove la sua virtù e la sua fortuna vorranno che la sua civiltà s'estenda, ponendo i valori dello spirito in luogo dei valori della materia che oggi regnano.

Molto di ciò sta all'opera vostra, o giovani, perché siete la generazione fra noi e l'avvenire. Sorti in un periodo in cui gli stessi figli di Re venivano su con le idee mortificatrici, i più provetti di noi fecero di tutto per portare fra le cecità, gli adescamenti e le derisioni, la loro idea austera e grande. E hanno avuto il premio di poterla consegnare a voi della generazione nuova, come il soldato passa l'ordine al soldato nelle battaglie.

Tocca ora a voi di fare il resto. Noi fin qui abbiamo sempre cercato d'accostarci al popolo, perché esso ha cuore per quelle cose nazionali e aristocratiche di cui abbiamo tenuto discorso; ma fin qui non c'è stato possibile, perché fra lui e noi ci sono i comuni avversarii. Cercheremo ancora il buon espediente, ma non sappiamo se riusciremo.

Voi è più probabile: se l'errore che non passa oggi, passerà domani. O altro avverrà. Voi potrete allora accostarvi al popolo, redimerlo e averlo con voi.

E allora tutta l'Italia militerà per l'Italia.

1.3 Giovanni Papini and Ardengo Soffici, 'Introibo', in *Lacerba*, Anno I, n. 1, 1 gennaio 1913.

The last years of the nineteenth century and the first years of the twentieth witnessed an increased consciousness of the irrational side of human nature. Scientists, writers, artists, and philosophers turned to the irrational to express certain ideas. In some ways, this irrationalism was a deformed legacy of nineteenth-century Romanticism. Here was the cult of genius, the idea of the artist as the highest order of human being, of artistic creation on the order of deific enterprise. The irrationalists, like the Futurists, scorned the ordinary, the mundane, the quotidian. *Lacerba* was an avant-garde literary journal in Florence that cultivated Futurism and published

41

Futurist writers. Giovanni Papini (1881–1956) and Ardengo Soffici (1879–1964) were, along with Giuseppe Prezzolini (1882–1983), the major exponents of this literary trend in Italy. Many of the tendencies found here would later appear in political and aesthetic form under fascism.

1. Le lunghe dimostrazioni razionali non convincono quasi mai quelli che non son convinti prima – per quelli che son d'accordo bastano accenni, tesi, assiomi.

2. Un pensiero che non può esser detto in poche parole non merita d'esser detto.

3. Chi non riconosce agli uomini d'ingegno, agli inseguitori, agli artisti il pieno diritto di contraddirsi da un giorno all'altro non è degno di guardargli.

4. Tutto è nulla, nel mondo, tranne il genio. Le nazioni vadano in isfacelo, crepino di dolore i popoli se ciò è necessario perché un uomo creatore viva e vinca.

5. Le religioni, le morali, le leggi hanno la sola scusa nella fiacchezza e canaglieria degli uomini e nel loro desiderio di star più tranquilli e di conservare alla meglio i loro aggruppamenti. Ma c'è un piano superiore – dell'uomo solo, intelligente e spregiudicato – in cui tutto è permesso e tutto legittimo. Che lo spirito almeno sia libero!

6. Libertà. Non chiediamo altro; chiediamo soltanto la condizione elementare perché l'io spirituale possa vivere. E anche se dovessimo pagarlo coll'imbecillità saremo liberi.

7. Arte: giustificazione del mondo – contrappeso nella bilancia tragica dell'esistenza. Nostra ragione di essere, di accettar tutto con gioia.

8. Sappiamo troppo, comprendiamo troppo: siamo a un bivio. O ammazzarsi, o combattere, ridere e cantare. Scegliamo questa via – per ora.

9. La vita è tremenda, spesso. Viva la vita!

10. Ogni cosa va chiamata col suo nome. Le cose di cui non si ha il coraggio di parlare francamente dinanzi agli altri sono spesso le più importanti nella vita di tutti.

11. Noi amiamo la verità fino al paradosso (incluso) – la vita fino al male (incluso) – e l'arte fino alla stranezza (inclusa).

12. Di serietà e di buon senso si fa oggi un tale spreco nel mondo, che noi siamo costretti a farne una rigorosa economia. In una società di pinzocheri anche il cinico è necessario.

13. Noi siamo inclinati a stimare il bozzetto più della composizione, il frammento più della statua, l'aforisma più del trattato, e il genio mancato e disgraziato ai grand'uomini olimpici e perfetti venerati dai professori.

14. Queste pagine non hanno affatto lo scopo né di far piacere, né d'istruire, né di risolvere con ponderatezza le più gravi questioni del mondo. Sarà questo un foglio stonato, urtante, spiacevole e personale. Sarà uno sfogo per nostro beneficio e per quelli che non sono del tutto rimbecilliti dagli odierni idealismi, riformismi, umanitarismi, cristianismi e moralismi.

15. Si dirà che siamo ritardatari. Osserveremo soltanto, tanto per fare, che la verità, secondo gli stessi razionalisti, non è soggetta al tempo e aggiungeremo che i Sette Savi, Socrate e Gesù sono ancora un po' più vecchi dei sofisti, di Stendahl, di Nietzsche e altri 'disertori'.

16. Lasciate ogni paura, o voi ch'entrate!

1.4 Gabriele D'Annunzio, 'Canto augurale per la nazione eletta' (1904), in *Tutte le opere di Gabriele D'Annunzio*, ed. Egidio Bianchetti (Milan: Arnoldo Mondadori, 1939), 549–52.

Gabriele D'Annunzio (1863–1938) was one of the greatest European writers. In 1881 he made his way to Rome where he became a sensation in the world of belles lettres. With a highly refined style, he embodied a decadent literature and life. His amorous adventures (including one with the actress Eleonora Duse) were the talk of Europe, often overshadowing his writing which unabashedly gloried in a decadent sensualism, a heady eroticism, and a self-conscious hedonism. D'Annunzio was influenced by Nietzsche's concept of the 'superman', a fact that was later to have political implications. His extravagant lifestyle of conspicuous consumption forced him to flee his creditors to France in 1910; in 1915 he was a vociferous exponent of Italy's entrance into the war. After the war, he led a band of mercenaries to the port city of Fiume and 'captured' it for Italy. The 'Fiume adventure' and style – complete with special uniforms, public rituals, symbols of death, battle songs, ornate choreography, and impassioned speeches from balconies by the supreme leader D'Annunzio – was incorporated by Mussolini into fascism.

As one of the few who could compete with Mussolini in terms of prestige and charisma, Mussolini granted him the title of Prince of Montenevoso in 1924 with the understanding that D'Annunzio would retire from politics. D'Annunzio was, for a short time, president of the Italian Academy before his death in 1938.

Canto augurale per la nazione eletta

Italia, Italia,
sacra alla nuova Aurora
con l'aratro e la prora!

Il mattino balzò, come la gioia di mille titani,
agli astri moribondi.
Come una moltitudine dalle innumerevoli mani,
con un fremito solo, nei monti nei colli nei piani
si volsero tutte le frondi.
                    Italia! Italia!

Un'aquila sublime apparì nella luce, d'ignota
stirpe titania, bianca
le penne. Ed ecco splendere un peplo, ondeggiare una chioma …
Non era la Vittoria, l'amore d'Atene di Roma,
la Nike, la vergine santa?
                    Italia! Italia!

La volante passò. Non le spade, non gli archi, non l'aste,
ma le glebe infinite.
Spandeasi nella luce il rombo dell'ali sue vaste
e bianche, come quando l'udìa trascorrendo il peltàste
su 'l sangue ed immoto l'oplite.
                    Italia! Italia!

Lungo il paterno fiume arava un uom libero i suoi
pingui iugeri, in pace.
Sotto il pugnolo dura anelava la forza dei buoi.

Grande era l'uomo all'opra, fratello degli incliti eroi,
col piede nel solco ferace.
                    Italia! Italia!

La Vittoria piegò verso le glebe fendute il suo volo,
sfiorò con le sue palme
la nuda fronte umana, la stiva inflessibile, il giogo
ondante. E risalìa. Il vomere attrito nel suolo
balenò come un'arme.
                    Italia! Italia!

Parvero l'uomo, il rude stromento, i giovenchi indefessi
nel bronzo trionfale
eternati dal cenno divino. Dei beni inespressi
gonfia esultò la terra saturnia nutrice di messi.
O madre di tutte le biade,
                    Italia! Italia!

La Vittoria disparve tra nuvole meravigliose
aquila nell'altezza
dei cieli. Vide i borghi selvaggi, le bianche certose,
presso l'ampie fiumane le antiche città, gloriose
ancora di antica bellezza.
                    Italia! Italia!

E giunse al Mare, a un porto munito. Era il vespro.
Tra la fumèa rossastra
alberi antenne sàrtie negreggiavano in un gigantesco
intrico, e s'udìa cupo nel chiuso il martello guerresco
rintronar su la piastra.
                    Italia! Italia!

Una nave construtta ingombrava il bacino profondo,
irta de l'ultime opere.
Tutta la gran carena sfavillava al rossor del tramonto;
e la prora terribile, rivolta al dominio del mondo,
aveva la forma del vomere.
                    Italia! Italia!

Sopra quella discese precìpite l'aquila ardente,

la segnò con la palma.
Una speranza eroica vibrò nella mole possente.
Gli uomini dell'acciaio sentirono subitamente
levarsi nei cuori una fiamma.
                    Italia! Italia!

Così veda tu un giorno il mare latino coprirsi
di strage alla tua guerra
e per tue corone piegarsi i tuoi lauri e i tuoi mirti,
o Semprerinascente, o fiore di tutte le stirpi,
aroma di tutta la terra,
                    Italia! Italia!
                    sacra alla nuova Aurora
                    con l'aratro e la prora!

2 Early fascism and the initial opposition

2.1 Italo Balbo, 'Dobbiamo dare agli avversari il senso del terrore', *Diario, 1922* (Milan: Mondadori, 1932), 102–11.

Italo Balbo (1896–1940) was one of the most charismatic of the fascist leaders. An able politician, he was a *ras* of Ferrara – one of the strongholds of fascism. Recognizing his abilities, Mussolini named him a *quadrumvir* of the 'March on Rome', and later Minister of Aviation. Balbo, like Farinacci, was a leader of *squadristi* and responsible for the terror and destruction unleashed around Ferrara during 1920–22. Paid and supported by the large landowners in the surrounding countryside, with the not-so-silent complicity of local police and military leaders, Balbo organized violent 'punitive expeditions'. He was directly responsible for the murder of an antifascist Catholic priest, Don Giovanni Minzoni, in 1923. When he sued a local paper for libel, he lost and was forced to pay damages. Most remember him for his daring cross-Atlantic flights at the head of a squadron of twenty-four planes, Italy's answer to America's Charles Lindberg. Mussolini, suspicious as usual of any potential rival, sent Balbo to develop Libya as Italy's 'fourth shore'. In 1940, he was accidentally shot down and killed by an Italian air defense battery over Tobruk. This selection is an excerpt from his diary that recounts a successful raid against political enemies in 1922.

28 luglio – Ravenna

Questa notte le squadre hanno proceduto alla distruzione dei vasti locali della Confederazione provinciale delle Cooperative socialiste. Non vi era altra risposta da dare all'attentato compiuto ieri contro Meriano e all'assassinio di Clearco Montanari. Come al solito, l'azione fascista è giunta di sorpresa. Il vecchio palazzo, che fu sede dell'Hôtel Byron ed era la roccaforte delle leghe rosse, è completamente distrutto. I fascisti non procedono a operazioni di questo genere se non per motivi di assoluta necessità politica. Purtropo la lotta civile non ha mezzi termini. Noi giochiamo la vita

47

tutti i giorni. Nessun interesse personale ci spinge. Il fine supremo
è la salvezza del nostro paese. Abbiamo compiuto quest'impresa
con lo stesso spirito con cui si distruggevano in guerra i depositi
del nemico. L'incendio del grande edificio proiettava sinistri
bagliori nella notte. Tutta la città ne era illuminata. Dobbiamo oltre
a tutto dare agli avversari il senso del terrore. Non si uccidono
impunemente i fascisti. Ho incontrato l'on. Nullo Baldini che al
momento dell'incendio era nel palazzo insieme col socialista
Caletti. Dietro mio ordine Baldini fu allontanato dai fascisti senza
che alcuno gli dicesse nemeno una parola ingiuriosa. Quando ho
visto uscire l'organizzatore socialista con le mani nei capelli e i
segni della disperazione sul viso, ho compreso tutta la sua tragedia.
Andavano in cenere in quel momento, col palazzo delle cooperative di Ravenna, il sogno e le fatiche della sua vita. Qui era
tutta o per lo meno gran parte della forza di cui i socialisti godono
nella regione. Organizzazione mastodontica, ma retta con criteri
sostanzialmente onesti. Soltanto che non era un ente economico,
bensí politico. Non so concepire la lotta senza il rispetto dell'avversario. L'attacco è stato abilmente simulato con spari di rivotella
e finti conflitti nelle adiacenze. Le guardie regie che lo presidi-
avano, sono accorse nelle strade vicine come allodole allo specchio,
e, quando sono ritornate, era troppo tardi ...

30 luglio – Ravenna
   La smobilitazione era già in atto allorché alle 9.30 sono stato
avvisato che nel borgo San Rocco era stato ucciso un fascista
ferrarese, Aldino Grossi, da Massafiscaglia, e che parecchi altri
fascisti di Ferrara e di Bologna erano stati feriti. Mi precipito in
Borgo San Rocco, ove arrivano squadre fasciste da ogni parte della
città. La voce sembra sul principio incredibile perché ormai è stato
firmato il patto di pacificazione; ma trovo purtroppo conferma.
Aldino Grossi coi suoi camerati si era avventurato nel Borgo San
Rocco. A persone che li avevano sconsigliati avevano risposto:
'Non c'è nulla da temere, la pace è fatta'. Altri giovani si erano
uniti a loro. Giunti presso il mulino sono stati investiti da colpi di
rivoltella. Gli aggrediti si lanciano contro gli ignoti sparatori, ma
questi fuggono. Intanto, mentre ritornano sui propri passi presso la
stazione del tram, in località detta delle 'Case nuove', li investe

un'altra raffica di colpi di rivoltella. Questa volta sono quasi tutti colpiti. Aldino Grossi giunge all'ospedale cadavere: gli altri, tra cui Arconovaldo Bonaccorsi, feriti piú o meno gravemente. Quando arrivo, trovo tutti gli accessi al Borgo sbarrati con truppe a piedi e a cavallo e due autoblindate. Mentre alcune squadre distruggono il circolo comunista e quello anarchico del sobborgo Fratti in località Capannetti, altre irrompono nel sobborgo socialista Garibaldi. Qui si impegna battaglia piú forte. Piombano dalle finestre oggetti di ogni genere e persiane. L'impeto dei fascisti travolge ogni resistenza. Altri circoli incendiati per tutta la città. Ma queste azioni locali non possono stroncare l'attività comunista che si è fatta piú minacciosa proprio in seguito e a causa della pacificazione coi repubblicani. Decido allora una piú vasta azione. Vado dal questore mentre Dino Grandi trattiene i fascisti che intanto si sono radunati a migliaia nei pressi del borgo. Gli annuncio che avrei bruciato e distrutto tutte le case dei socialisti di Ravenna se dentro mezz'ora non mi dava in consegna i mezzi necessari per portare i fascisti altrove. È un momento drammatico. Esigo un'intera colonna di camions. I funzionari della Questura perdono la testa, ma dopo mezz'ora ci indicano dove possiamo trovare i camions già forniti di benzina. Di questi alcuni appartengono alla Questura stessa. Io li avevo domandati col pretesto di portare lontano dalla città i fascisti esasperati. In realtà organizzavo la 'Colonna di fuoco' (come fu definita dagli avversari) per estendere la rappresaglia su tutta la provincia. Prendo posto io stesso, insieme con Baroncini, con Caretti di Ferrara e col giovane Rambelli di Ravenna, in una automobile che apre la lunga colonna di camions, e si parte. Questa marcia iniziata alle undici di ieri mattina 29, è terminata stamani 30. Quasi 24 ore continuate di viaggio, durante il quale nessuno ha riposato un momento né toccato cibo. Siamo passati da Rimini, Sant'Arcangelo, Savignano, Cesena, Bertinoro, per tutti i centri e le ville tra la provincia di Forlí e la provincia di Ravenna, distruggendo e incendiando tutte le case rosse, sedi di organizzazioni socialiste e comuniste. È stata una notte terribile. Il nostro passaggio era segnato da alte colonne di fuoco e fumo. Tutta la pianura di Romagna fino ai colli è stata sottoposta alla esasperata rappresaglia dei fascisti, decisi a finirla per sempre col terrore rosso. Episodi innumerevoli. Scontri con la teppaglia bolscevica, in aperta resistenza, nessuno. I capi sono tutti fuggiaschi. Le leghe, i circoli socialisti, le cooperative, semideserti. Invece abbiamo spesso dovuto vincere la resistenza della forza armata. A Cesena la strada provinciale è sbarrata da una autoblindata al comando di un ufficiale della Regia Guardia che minaccia di aprire il fuoco. Gli ho detto: 'Sparate se avete coraggio'. L'autoblindata era troppo piccola per bloccare completamente il passaggio. Ho fatto strada io stesso alla colonna superando l'autoblindata seguito da tutti i camions. Non è stato sparato un colpo. Ho visitato all'ospedale di Cesena Meriano che migliora sensibilmente. La pallottola l'ha ferito al ginocchio. C'è il pericolo che zoppichi per tutta la vita. Era felice della visita.

Siamo tornati a Ravenna all'alba. Ho fatto partire tutti.

Oggi prenderò la salma del nostro povero morto, la caricherò su un camion e la porterò a Ferrara.

2.2 Roberto Farinacci, 'Mussolini era il Duce di tutta l'Italia', in *Storia della rivoluzione fascista* (Cremona: Società Editrice Cremona Nuova, 1937), 441–5.

Roberto Farinacci (1892–1945) was one of the most important and intransigent of the fascist *squadristi*. His fiefdom in Cremona boasted a fanatical attachment to fascism, often at odds with Mussolini himself. Present at the founding of the Fasci di Combattimento on 23 March 1919 in Milan, Farinacci soon made himself both indispensable and a burden to Mussolini. As leader of the *squadristi* in the province of Cremona, Farinacci carried out innumerable 'punitive expeditions' in the city and countryside, burning and looting socialist, communist and Catholic centres and killing political opponents. An important voice in the fascist press, Farinacci's *Storia della rivoluzione fascista* is a first-hand account – though highly embellished – of the so-called 'March on Rome'. During Mussolini's reign, Farinacci advocated a revolutionary role for the Fascist Party in Italian society. During the Second World War, his rabid anti-Semitism and admiration of Hitler caused him to advocate closer ties with Nazi Germany, feeling that Hitler had accomplished in Germany what

Mussolini had failed to do in Italy. In April 1945, he was captured by partisans and executed.

Era tempo! Il tacito patto di neutralità benevola o affettuosa fra l'esercito e le Camicie Nere stava per essere rotto. In qualche luogo le autorità militari avevano ricevuto l'ordine di 'rioccupare, a qualunque costo, gli uffici pubblici'.

A Perugia il prode Generale Cornano si appresta a portare all'assalto le guardie regie. Le trombe delle Camicie Nere squillano l'allarme ...

Ora, in ogni luogo d'Italia, dove sono uomini gravi, cittadini che amano la patria, quelli che sentono nella vittoria dei Fasci l'inizio di una vita nuova o la fine da una lunga tortura, un lungo respiro di sollievo. Finalmente l'Italia avrà pace! A Roma fascisti e nazionalisti, un grande popolo festante si aduna sotto il Quirinale: 'Viva il Re!' gridano, e cantano gli inni della Patria, si abbracciano, urlano di gioia, perché ora è difficile pensare, e bisogna goderla questa inondazione di gioia che viene dal cuore come da sorgente inesauribile. No, i combattenti della guerra e della rivoluzione non vogliono pensare a Caporetto e al Natale di sangue. Ora ricordano soltanto il Piave e Vittorio Veneto, non odiano nessuno, non sono più stanchi e sofferenti, benedicono quello che hanno sofferto per questo istante di vita.

La gioia di questo istante fu così intensa, che persino alcuni dei capi fascisti dimenticarono la natura e il significato della vittoria. La vittoria del Fascismo non poteva, non doveva essere il riposo dalla fatica, dalle persecuzioni, dai sacrifici, una oziosa degustazione del trionfo. Non poteva essere per i fascisti neppure quel respiro di sollievo che tutti gli altri rasserenava davanti alla pace e all'ordine imminente.

Così, alla fine delle guerre per il Risorgimento, l'indipendenza l'unità la libertà d'Italia non avevano operato più come sprone e condizione della nuova storia. Questo del trionfo è il punto critico de grandi movimenti umani. L'idolatria delle cose compiute, la gioia della salvezza, o la vanità che si gonfia, dispongono l'anima felice al godimento e alle concessioni amichevoli, che sembrano generosità, e sono accidia. E in questo punto critico si sarebbero provate alla luce del sole la profondità, il valore storico, la energia e la sincerità morale della rivoluzione fascista. Alcuni dei capi fascisti che in questi giorni avevano tenuto i collegamenti fra la Corte e Mussolini, fra la Corte e il Governo, avendo nel cuore l'angoscia della imminente guerra civile assai più che l'impeto della rivoluzione fascista; quelli che nella rivoluzione fascista vedevano con ingenuità puerile, la cessazione del disordine antico assai più che l'inizio dell'ordine nuovo; tutti costoro a cui pareva immensa vittoria il rifiuto del Re; accolsero subito la proposta soluzione di un Ministero Salandra, o di una combinazione Salandra–Mussolini, con la partecipazione dei migliori fascisti. Molto giovine il Fascismo, difficile la manovra in quella Camera anti-fascista, desiderabile, dopo così grave scossa, un dolce passaggio fra il vecchio e il nuovo Governo nell'ambito dello *stesso regime...*

Fulminea venne la risposta di Mussolini:

Non valeva la pena di mobilitare l'esercito fascista, di fare una rivoluzione, di avere dei morti, per una soluzione Salandra–Mussolini e per quattro portafogli. Non accetto.

Fossero avversari o fossero amici, Mussolini non aveva mai avuto paura di reagire, solo, contro tutti o contro molti; e l'aveva dimostrato sempre, nei momenti più gravi della sua vita. Ma non avrebbe affrontato mai le Camicie Nere, che aveva gettato nella lotta, le Camicie Nere che s'erano votate al sacrificio col miserabile trionfo di un 'concordato parlamentare' anche il più favorevole. C'è il momento dell'accordo e il momento del rischio. C'è il momento della manovra e il momento della battaglia. Nessun uomo come Mussolini si è mostrato così impetuoso nel risvegliare e nell'accendere le energie riposte degli uomini, nessun uomo si è mostrato più freddo e vigilante nelle estreme decisioni. Il rifiuto di Mussolini non salvò soltanto la dignità delle Camicie Nere, salvò e pose incrollabilmente, fin dall'inizio, i diritti imprescrittibili della Rivoluzione fascista. Egli potrà ora concedere tutto alla lenta, difficile, resistente realtà delle cose, non potrà concedere nulla contro lo spirito della Rivoluzione.

Anche il rifiuto di Mussolini a discutere col Re 'circa la

risoluzione del grave momento politico' e a partire da Milano a meno che il Re non 'lo avesse ufficialmente incaricato di costituire il nuovo Governo' è documento chiarissimo del significato rivoluzionario ch'egli voleva che fosse formalmente, solennemente, pubblicamente riconosciuto al suo Governo.

Il 30 ottobre, il Duce del Fascismo, alla presenza del Re, pronunciò le trionfali parole: '*Maestà, vi porto l'Italia di Vittorio Veneto.*'

Era l'Italia degli Italiani che avevano pagato finalmente col sangue la loro indipendenza, ed ora chiedevano il riconoscimento di quei diritti che erano i doveri fondamentali della nostra vita di popolo: la unità di tutti gli italiani nella disciplina nazionale del lavoro, la libertà di tutti gli italiani nella missione di una più alta civiltà, la obbedienza di tutti gli italiani alla autorità di questa missione.

Questo viatico trinitario non era un elenco di nozioni, era una potenza viva che faceva concorde l'anima ardente, impetuosa, talvolta confusa, spesso ingenua, ma sempre sincera, delle Camicie Nere. Ma, nei fascisti più colti e più esperti, insieme con questo viatico, anzi proprio per questo, c'era una idea più determinata e chiara di riforme statutarie, di risanamento e di rafforzamento economico e tecnico, di educazione politica e culturale che liberasse gl'Italiani, una buona volta, dall'inerte pensiero tradizionale, dall'illuminismo vacuo e idolatrico, li accendesse di fede nella presenza della divinità nella storia, li avvicinasse allo spirito del primo apostolo del Risorgimento ch'era stato vituperato da tutti quanti erano indegni di lui, ed erano stati i più. Ma tutti i fascisti, senza distinzione di coltura o di esperienza, tutti i fascisti che fossero venuti da qualsivoglia partito o da nessun partito, faceva risoluti e decisi anche la volontà indomabile di una giusta pace per tutti i popoli d'Europa, per quelli, sopra ogni altro, o vinti o vincitori, che la guerra aveva confermato e levato ancora più in alto, per il valore, per la disciplina, per la civiltà, fra i maggiori artefici della storia umana ed ora giacevano oppressi dall'egoismo vendicativo o sospettoso dei ricchi e potenti.

Poi, più forte di ogni idea e di ogni proposito, inebriava e consolava le anime di questi giovani veterani, che avevano sofferto otto anni di un'agonia eroica, l'immagine augusta dell'Italia, due volte coronata di gloria, due volte coronata di spine, di nuovo risorta, umana, magnanima, invitta.

Era difficile trar fuori alla luce questi dolci e grandi pensieri. Ognuno aveva nel cuore una Italia più bella davanti a sè. Ad ognuno pareva una grazia esser nato, avere combattuto, avere sofferto, vivere ancora, e camminare avanti, verso di lei. Era un segreto che tutti sentivano, e nessuno sapeva rivelare, perché nessuno poteva separare l'alta visione dal cuore ch'era tutt'uno con lei. Ma il consenso era profondo e teneva tutti avvinti. Quel che volesse dire essere fascisti, quel che volesse dire non essere fascisti, quale immensa energia fosse chiusa in questa '*Italia di Vittorio Veneto*', che risplendeva dopo tanto sangue e tanto dolore, solo intendevano le Camicie Nere, solo a questi figli prediletti della guerra e della vittoria era dato di sentire. Era il loro premio e la loro vittoria.

Gli squadristi si schierarono il 31 ottobre a Villa Borghese. Di ogni età, di ogni regione, di ogni classe sociale, coperti di fango e di polvere, ostentavano le armi di tutte le specie e le vesti di tutte le fogge, gridavano parole di beffa, di ingiuria, di entusiasmo in tutti i dialetti d'Italia, grotteschi e superbi. Mussolini li passò in rivista. Lo guardarono tutti in viso perché tutti volevano essere veduti da lui. Erano fieri, ardenti e felici. Poi mossero inquadrati verso il cuore di Roma. Inchinarono i gagliardetti al Milite Ignoto, salutarono il Re, tornarono alle sedi cantando. Mussolini era il Duce di tutta l'Italia.

2.3 'Giovinezza,' Inno trionfale del Partito Nazionale Fascista, music by Giuseppe Blanc, lyrics by Salvatore Gotta (Milan: Carisch, 1939) and 'Inno fascista' at <www.italia-rsi.org/cantiitalia/canfascivent.htm>.

Fascism made a cult of youth and 'Giovinezza' was its anthem. Sung on the streets, during marches and after Mussolini and other officials had made speeches, it soon became synonymous with the regime. Here – and in the 'Inno fascista' – are the myths of war, youth, nationalism, the leader, and heroism that fascism upheld.

Giovinezza (versione fascista)

Salve o popolo di eroi,
salve o Patria immortale,
son rinati i figli tuoi
con la fede e l'ideale.
Il valor dei tuoi guerrieri
la vision dei tuoi pionieri
la vision dell'Alighieri
oggi brilla in tutti i cuor.

Giovinezza, Giovinezza, primavera di bellezza
nella vita e nell'asprezza, il tuo canto squilla e va.
E per Benito Mussolini, eja eja alalà.
E per la nostra Patria bella, eja eja alalà.

Dell'Italia nei confini
son rifatti gli Italiani,
li ha rifatti Mussolini
per la guerra di domani.
Per la gioia del lavoro
per la pace e per l'alloro
per la gogna di coloro
che la Patria rinnegar.

Giovinezza, Giovinezza, primavera di bellezza
nella vita e nell'asprezza, il tuo canto squilla e va.
E per Benito Mussolini, eja eja alalà.
E per la nostra Patria bella, eja eja alalà.

I poeti e gli artigiani
i signori e i contadini,
con orgoglio di Italiani
giuran fede a Mussolini.
Non v'è povero quartiere
che non mandi le sue schiere,

che non spieghi le bandiere
del fascismo redentor.

Giovinezza, Giovinezza, primavera di bellezza
nella vita e nell'asprezza, il tuo canto squilla e va.
E per Benito Mussolini, eja eja alalà.
E per la nostra Patria bella, eja eja alalà.

Inno fascista (All'armi)

All'armi! All'armi! All'armi siam fascisti
terror dei comunisti.
E noi del Fascio siamo i componenti
la causa sosterremo fino alla morte
e lotteremo sempre forte forte
finché terremo il nostro sangue in cuor.

Sempre inneggiando la Patria nostra
che tutti uniti difenderemo
contro avversari e traditori,
che ad uno ad uno sterminerem.

All'armi! All'armi! All'armi siam fascisti
terror dei comunisti.
Lo scopo nostro tutti lo sappiamo:
combatter con certezza di vittoria
e questo non sia mai sol per la gloria
ma per giusta ragion di libertà.

I bolscevichi che combattiamo
noi saprem bene far dileguare
e al grido nostro quella canaglia
dovrà tremare, dovrà tremar.

All'armi! All'armi! All'armi siam fascisti
terror dei comunisti.
Vittoria in ogni parte porteremo
perché il coraggio a noi non mancherà
e grideremo sempre forte forte
e sosterrem la nostra causa santa.

In guardia amici! ché in ogni evento
noi sempre pronti tutti saremo,
finché la gloria di noi fascisti
in tutta Italia trionferà.

All'armi! All'armi! All'armi siam fascisti
terror dei comunisti.
Del bolscevismo siamo gli avversari
perché non voglion Patria né Famiglia,
perché sono rifiuti e fanghiglia
che disprezzando noi dobbiam scacciare.

Sempre gridando 'Viva l'Italia'
e abbasso tutti i suoi rinnegatori,
in alto, in alto il tricolor
che sarà sempre il nostro amor.

2.4   Luigi Sturzo, 'Coscienza cristiana', in *Pensiero antifascista* (Turin: Gobetti, 1925), 53–8.

Don Luigi Sturzo (1871–1959), born in Sicily, was a leading antifascist
and the founder of the first mass-based Catholic political party in Italy, the
PPI (Italian Popular Party). His interest in the economic and social
problems of the Mezzogiorno led him to establish a *cassa rurale* (peasant
credit fund) and agricultural cooperative in 1897. In 1919, the PPI came
into existence and changed the face of electoral politics in Italy; the PPI
became, along with the PSI (Italian Socialist Party), the largest political
party in Italy. The growing influence of fascism in the early 1920s caused
friction between the PPI, the Vatican, and Mussolini. When it became
apparent that the Vatican would support fascism, Sturzo was forced to
resign as leader of the PPI in July 1923. Several months later he made his
way into an exile that would last twenty years, first to London (where he
barely escaped death from the bombings in the Second World War), then
to New York. In this essay, published on 20 April 1924, he implicitly points
out the obvious conflict between Christianity and fascism; in addition, he
notes how many of the changes in modern society have impacted on the
Christian faith and how the devout Christian should respond.

Uno dei compiti più rilevanti, se non il compito principale dell' attività religiosa in genere, e dell'azione cattolica come organismo, è quello di ridestare nella educazione e nella vita il senso della coscienza cristiana, e il suo valore assoluto di fronte ai valori relativi e contingenti dell'utile collettivo o individuale, si chiami esso interesse politico o economico o sociale.

Questo valore della coscienza cristiana, che acquista la sua norma costante, inflessibile, rigorosa, dall'etica e che è elevata e rinvigorita dal cristianesimo, fede e grazia, precisa e determina il fine ultra terreno dell'uomo, come termine assoluto, investendo i valori del tempo e dello spazio di questa vita nell'infinito dell'altra vita.

Questa formazione di coscienza è fede ed è per la fede convinzione, è grazia ed è per la grazia volontà, è virtù teologica e morale, ed è per questa anche virtù umana e sociale.

Ora il problema che ci si presenta oggi nella sua spaventevole crudezza si è la mancanza di adeguazione della vita collettiva con la coscienza cristiana e, poiché la vita collettiva è fatta di azioni individuali (a parte la deficienza dell'umana caducità), la mancanza di sforzo (almeno visibile) dell'adeguazione della vita individuale, in quanto viene colta nell'attrito collettivo, con la coscienza cristiana.

Il momento psicologico nel quale può essere rilevato questo distacco è quando vengono in conflitto le due tendenze che potrebbero dirsi le due leggi, quella dello spirito e quella della materia, quella della coscienza e quella dell'interesse; i riverberi di questo conflitto nei margini della vita colletiva, illuminano di ben tristi colori la realtà predominante; e il sacrificio dei pochi è oscurato dalle transazioni e dagli accomodamenti dei più.

L'ambiente paganeggiante della società moderna, la corsa ai piaceri, la debolezza e la viltà verso i potenti, la sete di ricchezze e di agi, la sfrontatezza del malcostume, la teoria e la pratica delle violenze, la divulgazione morbosa del male e la esaltazione di falsi principî, rendono fiacche le volontà, sfibrano i caratteri, fanno declinare i valori etici della vita, esteriorizzano le pratiche del culto, incalliscono le coscienze alle occasioni del male, attenuano il senso di ribellione e di disgusto, tolgono spirito alla resistenza e al sacrificio.

In queste condizioni per una travolgente azione di conquista morale occorre la fede dei primitivi cristiani e il desiderio di un sacrificio fatto di rinunzie, di vaste rinunzie, di totale abnegazione. Il paganesimo fu vinto dai martiri, la barbarie premedioevale dall' ascetismo, la violenza medioevale dal monarchismo prima e dalle fraterie e dai terziariati dopo la riforma degli ordini religiosi; e la rivoluzione francese dal cattolicismo militante, e dalle famiglie religiose di carità e di educazione popolare. Oggi lo slancio di fede e di operosità da oltre mezzo secolo chiama i cattolici in modo speciale nelle battaglie sociali e politiche in nome di una fede da difendere, di un ordine morale da ricostituire, di una razionale elevazione operaia da favorire, di un'attività pubblica da cristianizzare.

Ma il punto centrale è la formazione di una coscienza cristiana, tetragona a tutte le avversità e a tutte le insidie, e sempre presente a se stessa in ogni evenienza.

La differenza che passa fra la società moderna e la medioevale e quella del periodo della controriforma è questa: allora lo spirito religioso era palese, aperto, diffuso anche nell'adempimento dei doveri di vita pubblica, anche nell'attrito delle forze sociali e nel tormento delle lotte e delle guerre; mentre oggi nelle varie attività della vita collettiva non si scorge nessuna esterna preoccupazione etico-religiosa, come affermazione di dovere di coscienza.

La ragione è evidente: l'attuale società è basata sopra un divorzio palese della ragione dalla tradizione, della umanità dalla religiosità, dell'etica dal cristianesimo.

Questo divorzio, che ha le sue profonde radici nell'individualismo razionalista della riforma, e la sua esplicazione clamorosa nell'illuminismo che di sé saturò la grande rivoluzione, ha avuta la sua attuazione pratica nella costituzione laicista degli Stati moderni, e nella cultura anti-cattolica delle classi dirigenti.

La inversione dei fini attuata dal Cristianesimo è stata nel campo economico, sociale e politico alterata, rimettendo in centro di ogni attività l'uomo come fine a sé stesso e deificandolo o con assimilarlo alla materia (panteismo materialista) ovvero elevandolo all'atto puro dello spirito (panteismo idealista).

Si comprende subito come lo spirito di sacrificio, che è tutto il cristianesimo e quindi la valutazione del dovere in tutta la sua estensione, vengono meno; e si riduce spesso la stessa pratica religiosa a una esteriorità di culto, della quale fanno a meno anche quelle masse, che pur vissute in ambienti domestici e provinciali vicini alla Chiesa, sentono l'influsso di una propaganda materialistica e antireligiosa.

Leggendo sui giornali come spesso i giurati delle corti di Assise assolvono rei confessi di omicidio o per rappresaglie politiche o per passioni morbose, viene facile la domanda: ma non vi sono cristiani praticanti fra questi giudici popolari? La stessa domanda vien fatta per molti magistrati che prima assolvevano i bolscevichi e poi hanno assolto i fascisti, rei entrambi di crimini contro l'ordinamento della società, contro le libertà private, contro la proprietà. Oh! che non hanno essi obblighi di coscienza a rendere giustizia?

Così gli esempi possono moltiplicarsi all'infinito: quei proprietari agrari che hanno dato denaro, aiuti, favori agli squadristi per colpire, incendiare, assalire le cascine; sono tutti senza scrupoli? Nessuno di essi ha frequentato le chiese? Nessuno proviene da circoli cattolici?

E quei capilega che hanno eccitato gli istinti non sani delle masse ed hanno diffuso l'odio, sono proprio tutti fuori di ogni influsso cristiano? Qualche volta si pensa come sia possibile che fra tanti funzionari politici, spesso gente da bene, buoni padri di famiglia, onesti cittadini, non ve ne sia uno che si ribelli al sistema di connivenza o di tolleranza con coloro che ammazzano, che assaltano, che incendiano.

E così potrebbe parlarsi di molte altre categorie di persone che partecipano o per ufficio o per vocazione o per occasione alle più delicate attività di tutela e di difesa pubblica, di interesse sociale e morale.

Si dice che l'eroismo non si impone, e che molti esporrebbero sé e le proprie famiglie alla fame, alle rappresaglie, alle vendette. Questo stato d'animo, se diffuso, annulla la formazione del carattere, attenua lo sviluppo della coscienza cristiana, intristisce la forza educativa della presente generazione.

Quando si leggano atti di eroismo per il salvataggio di chi va a perire nelle acque di un fiume o nelle spire vorticose delle fiamme di un incendio, si solleva lo spirito umano e ci si riconcilia con la nostra misera umanità. Quando un carattere si rivela nella vita sociale, si fa onesto omaggio e si addita esempio.

Ricordando l'influenza dei cristiani dei primi secoli nella società pagana, non solo si debbono mettere in onore, i milioni di martiri che per trecento anni bagnavano del loro sangue tutta la terra, ma si deve guardare alla loro volontà costante e perenne di influenzare ogni attività privata e pubblica dello spirito cristiano e dell'imperioso comando della fede; così essi poterono vivere nelle corti degli imperatori, nei tribunali e negli eserciti, e seppero rinunziarvi quando non era possibile per loro la pratica cristiana e del loro doveri. Una società visse per tre secoli dentro un'altra società e la compenetrò; e quando Costantino emanò il decreto di tolleranza, il mondo apparve allora cristiano, mentre di fatto lo era già da parecchio tempo.

Oggi lo spirito pagano predomina e soffoca. Il cattolicismo combatte con le stesse armi spirituali dei primi secoli; e nella rinnovazione del mistero della *Risurrezione di Gesù Cristo* ci chiama a *cercare ed a gustare le cose superiori e non quelle della terra*, e a porre in Cristo risorto il fondamento della nostra coscienza.

La parola della risurrezione è *Pax Vobis*. Dopo il travaglio della passione e il tormento del Golgota, la dispersione dei discepoli, il tradimento di Giuda, la rinnegazione di Pietro, il pianto delle Donne, torna la *Pace* alla comunità e alle coscienze, che anch'esse risorgono dal tempo alla eternità; e il fine della vita umana è trasportato dalla terra nel cielo.

Questo, e solo questo è il fondamento, la forza e la vita della *coscienza cristiana*.

20 aprile 1924

2.5   Piero Gobetti, 'Il nostro protestantismo', in *La Rivoluzione Liberale*, 17 May 1925.

Piero Gobetti (1901–26) was the boy-wonder of Turin. As a youth he created and edited *Energie Nuove*, a literary review. At the University of Turin, he galvanized a group of young intellectuals with strong ties to

Antonio Gramsci's *L'Ordine Nuovo* movement. Gobetti's journal, *La Rivoluzione Liberale*, was founded in 1924 and attracted some of the finest minds and pens in Italy. It became a leading voice of antifascism. Advocating broad civil rights, including the vote for women, judicial and penal reform, and proportional representation, Gobetti influenced an entire generation of later antifascists. Gobetti argued that the influence of the Catholic Church was responsible for the political immaturity of the Italians and therefore responsible for the rise of fascism. He lamented the fact that Italy had not experienced the political and religious revolutions of the seventeenth and eighteenth centuries. Because of his intellectual brilliance and staunch courage, Mussolini demanded that he be 'taught a lesson'. Fascist *squadristi* severely beat Gobetti in September 1925 and he died of his wounds several months later in France. His legacy, though, continued and was a driving force during the intellectual and Armed Resistance.

Che cosa si deve intendere quando si dice che l'Italia non ha avuto la sua Riforma, e che nell'assenza della Protesta stanno le ragioni della sua immaturità ideale e politica?

Se la constatazione dovesse riferirsi solo a un problema di critica e di libertà religiosa, se si limitasse a proporre il modello delle moderne nazioni protestanti rimarrebbe un'esigenza eretica di storici e i cattolici avrebbero ragione di opporvi gli istinti della razza.

Tra noi un movimento protestante deve provarsi ad affrontare un'esigenza più dolorosa e un problema assolutamente centrale della vita italiana. La vittoria del cattolicismo, la pratica conservatrice e reazionaria accompagnata agli artifici demagogici che si ritrovano nella storia nostra sono inevitabili finché permangono le attuali e tradizionali condizioni dell'economia.

I tentativi più seri di eresia in Italia corrispondono al periodo della libera e prospera attività economica dei Comuni. Con l'ingresso nella storia dei popoli atlantici e con la scoperta dell'America l'economia italiana entra in un periodo di stasi: il commercio è in crisi; l'agricoltura, naturalmente povera, danneggiata dall'esistenza di feudi nobiliari ed ecclesiastici che sono tenuti secondo un regime di beneficenza, non trova una classe di operosi coltivatori; gli artigiani non bastano che a diminuire il disagio in poche città settentrionali. In queste condizioni della vita generale si può celebrare il trionfo della Controriforma.

L'arma della Chiesa contro Roma pagana, contro i barbari, contro lo Stato moderno è sempre stata offerta dalla miseria universale. Le plebi povere furono cattoliche per le lusinghe della beneficenza. Così il dogmatismo s'impose agli spiriti umiliati e sottomessi.

Il fascismo è cattolico con perfetta logica se si pensa che esso si inserisce nella crisi italiana in un momento di disoccupazione economica; e la riforma scolastica, squisitamente reazionaria, si serve appunto dell'insegnamento religioso per togliere alle classi popolari ogni baldanza di ribellione.

È chiaro che tutte le rivoluzioni protestanti in Europa provarono la loro vitalità nella creazione di nuovi tipi morali; senza la rivoluzione morale il libero esame sarebbe letteratura.

Lutero e Calvino sono gli antesignani della morale del lavoro postulata dalle nascenti democrazie produttrici. Essi bandiscono ai popoli anglosassoni la religione dell'autonomia e del sacrificio, dell'iniziativa e del risparmio. Il capitalismo nasce da questa rivoluzione individualistica delle coscienze educate alla responsabilità personale, al gusto per la proprietà, al calore della dignità. In questo senso lo spirito delle democrazie protestanti è identico con la morale liberistica del capitalismo e con la passione libertaria delle masse.

La fabbrica dà la precisa visione della coesistenza degli interessi sociali: la solidarietà del lavoro. L'individuo si abitua a sentirsi parte di un processo produttivo, parte indispensabile nello stesso modo che è insufficiente. Ecco la più perfetta scuola di orgoglio e di umiltà. Io ricorderò sempre l'impressione che ebbi degli operai, quando mi capitò di visitare le officine della Fiat, uno dei pochi stabilimenti anglosassoni, moderni, capitalistici, che vi siano in Italia. Sentivo in essi un atteggiamento di dominio, una sicurezza senza pose, un disprezzo per ogni specie di dilettantismo. Chi vive in un'officina ha la dignità del lavoro, l'abitudine al sacrificio e alla fatica. Un ritmo di vita che si fonda severamente sul senso di tolleranza e di interdipendenza, che abitua alla puntualità, al rigore, alla continuità. Queste virtù del capitalismo risentono di una ascesi quasi arida; ma in compenso la sofferenza contenuta alimenta con l'esasperazione il coraggio della lotta e l'istinto della difesa politica.

La maturità anglosassone, la capacità di credere a delle ideologie precise, di affrontare i pericoli per farle pravalere, la volontà rigida di praticare dignitosamente la lotta politica nascono da questo noviziato, che significa l'ultima grande rivoluzione avvenuta dopo il Cristianesimo.

La guerra europea ha dimostrato come le democrazie del lavoro così alimentate siano le più battagliere, le più gelose a difendere la vita nazionale, le più capaci di spirito di sacrificio: e chi ha letto Calvino non aveva bisogno di questa dimostrazione. Le religioni dell'individualismo sono sempre state eroiche.

Invece nella storia italiana i tipi di produttori risultarono dalle transazioni a cui si è costretti nella dura lotta con la miseria. L'artigiano e il mercante decaddero dopo i comuni. L'agricoltore è l'antico servo che coltiva per conto dei padroni o della curia e ha nell'enfiteusi la sua unica difesa. La civiltà più caratteristica poi è quella che si forma alle corti o negli impieghi e che abitua alle astuzie, ai funambolismi della diplomazia e dell'adulazione, al gusto dei piaceri e della retorica. Il pauperismo italiano s'accompagna con la miseria delle coscienze: chi non sente di compiere una funzione produttiva nella civiltà contemporanea non avrà fiducia in sé stesso né culto religioso della propria dignità. Ecco in qual senso il problema politico italiano, tra gli opportunismi e la caccia sfrontata agli impieghi e l'abdicazione di fronte alle classi dominanti, è un problema morale.

Il protestantismo in Italia deve battersi contro l'economia parassitaria e l'unanimità piccolo borghese e deve cercare negli operai educati alla libera lotta e alla morale del lavoro i quadri dell'eresia e della rivoluzione democratica. In questo modo non sarà un'ideologia di importazione, ma il mito autentico di un'Italia educata a dignità, il mito di cittadini capaci di sacrificarsi alla vita della nazione perché capaci di governarsi senza dittatori e senza teocrazie.

3 The consolidation of power and the antifascist response

3.1 Giacomo Matteotti, 'L'elezione, secondo noi, è essenzialmente non valida', Last speech before Parliament, 30 May 1924 in *Atti della camera dei Deputati*; reprinted in Amato Rossi, ed. *La Resistenza italiana: scritti, documenti, testimonianze* (Rome: L. Lucarini, 1981), 35–9.

Giacomo Matteotti (1885–1924) was from a wealthy family and earned a law degree from the University of Bologna. As a socialist deputy he often challenged the fascists in the Chamber of Deputies. After the spring 1924 elections, Matteotti rose in the Chamber and denounced the fascist intimidation and violence which had marred the vote. With Mussolini present, he detailed why the election should be annulled. Less than two weeks later, Matteotti was abducted off a Rome street and assassinated; his body was found in the countryside two months later.

MATTEOTTI: Contro la convalida noi presentiamo questa pura e semplice concezione: cioè, che la lista di maggioranza governativa, la quale nominalmente ha ottenuto una votazione di quattro milioni e tanti voti … (*Interruzioni*).

VOCI AL CENTRO: Ed anche di più!

MATTEOTTI: … cotesta lista non li ha ottenuti, di fatto e liberamente, ed è dubitabile quindi se essa abbia ottenuto quel tanto di percentuale che è necessario (*Interruzioni. Proteste*) per conquistare, anche secondo la legge i due terzi dei posti che le sono stati attribuiti! … L'elezione, secondo noi, è essenzialmente non valida, e aggiungiamo che non è valida in tutte le circoscrizioni.

In primo luogo abbiamo la dichiarazione fatta esplicitamente dal Governo, ripetuta da tutti gli organi della stampa ufficiale, ripetuta dagli oratori fascisti in tutti i comizi, che le elezioni non avevano che un valore assai relativo, ma che in ogni caso – come ha dichiarato replicatamente – avrebbe mantenuto il potere con la forza, anche se … (*Vivaci interruzioni a destra e al centro. Movimenti dell'onorevole presidente del Consiglio*).

VOCI A DESTRA: Sì, sì! Noi abbiamo fatto la guerra! (*Applausi alla destra e al centro*).

MATTEOTTI: Codesti vostri applausi sono la conferma precisa della fondatezza del mio ragionamento. Per vostra stessa conferma dunque nessun elettore italiano si è trovato libero di decidere con la sua volontà … (*Rumori, proteste e interruzioni a destra*). Nessun elettore si è trovato libero di fronte a questo quesito …

MARAVIGLIA: Hanno votato otto milioni di italiani!

MATTEOTTI: … se cioè egli approvava o non approvava la politica o, per meglio dire, il regime del Governo fascista. Nessuno si è trovato libero, perché ciascun cittadino sapeva *a priori* che, se anche avesse osato affermare a maggioranza il contrario, c'era una forza a disposizione del Governo che avrebbe annullato il suo voto e il suo responso. (*Rumori e interruzioni a destra*).

UNA VOCE A DESTRA: E i due milioni di voti che hanno preso le minoranze?

FARINACCI: Potevate fare la rivoluzione!

MATTEOTTI: A rinforzare tale proposito del Governo, esiste una milizia armata … (*Applausi vivissimi e prolungati a destra e grida di 'Viva la milizia'*)

MATTEOTTI: … esiste una milizia armata. (*Interruzioni a destra. Rumori prolungati*).

VOCI: Basta! Basta!

PRESIDENTE: Onorevole Matteotti, si attenga all'argomento.

MATTEOTTI: Onorevole Presidente, forse ella non mi intende; ma io parlo di elezioni. Esiste una milizia armata … (*Interruzioni a destra*) la quale ha questo fondamentale e dichiarato scopo, di sostenere un determinato Capo del Governo bene indicato e nominato nel Capo del fascismo e non, a differenza dell'esercito, il Capo dello Stato. (*Interruzioni e rumori a destra*).

VOCI A DESTRA: E le guardie rosse?

MATTEOTTI: Vi è una milizia armata, composta di cittadini di un solo Partito, la quale ha il compito dichiarato di sostenere un determinato Governo con la forza anche se ad esso il consenso mancasse. (*Commenti*). In aggiunta e in particolare …

(*Interruzioni*), mentre per la legge elettorale la milizia avrebbe dovuto astenersi, essendo in funzione o quando era in funzione, e mentre di fatto in tutta l'Italia specialmente rurale abbiamo constatato in quei giorni la presenza di militi nazionali in gran numero … (*Interruzioni. Rumori*).

FARINACCI: Erano i balilla.

MATTEOTTI: È vero, onorevole Farinacci, in molti luoghi hanno votato anche i balilla! (*Approvazione all'estrema sinistra. Rumori a destra e al centro*) … A parte a questo argomento del proposito del Governo di reggersi anche con la forza contro il consenso, e del fatto di una milizia a disposizione di un partito che impedisce all'inizio e fondamentalmente la libera espressione della sovranità popolare ed elettorale e che invalida in blocco l'ultima elezione in Italia, c'è poi una serie di fatti che successivamente ha viziate e annullate tutte le singole manifestazioni elettorali. (*Interruzioni. Commenti*)

VOCI A DESTRA: Perché avete paura! Perché scappate!

MATTEOTTI: Forse al Messico si usano fare le elezioni non con le schede, ma col coraggio di fronte alle rivoltelle. (*Vivi rumori. Interruzioni. Approvazioni all'estrema sinistra*). E chiedo scusa al Messico se non è vero. (*Rumori prolungati*) I fatti cui accenno si possono riassumere secondo i diversi momenti delle elezioni. La legge elettorale chiede … (*Interruzioni. Rumori*) … la presentazione delle liste deve avvenire in ogni circoscrizione mediante un documento notarile a cui vanno apposte dalle trecento alle cinquecento firme. Ebbene, onorevoli colleghi, in sei circoscrizioni su quindici le operazioni notarili che si compiono privatamente nello studio di un notaio, fuori della vista pubblica e di quelle che voi chiamate 'provocazioni', sono state impedite con violenza. (*Rumori vivissimi*)

BASTIANINI: Questo dice lei!

VOCI DALLA DESTRA: Non è vero, non è vero!

MATTEOTTI: Volete i singoli fatti? Eccoli: ad Iglesias il collega Corsi stava raccogliendo le trecento firme e la sua casa è stata circondata … (*Rumori*)

MARAVIGLIA: Non è vero. Lo inventa lei in questo momento.

FARINACCI: Va a finire che faremo sul serio quello che non

abbiamo fatto!

LUSSU: È la verità, è la verità …

MATTEOTTI: A Melfi … (*Rumori vivissimi. Interruzioni*) … a Melfi è stata impedita la raccolta delle firme con la violenza. (*Rumori*) In Puglia fu bastonato un notàio. (*Rumori vivissimi*) … Presupposto essenziale di ogni elezione è che i candidati, cioè coloro che domandano al suffragio elettorale il voto, possano esporre, in contradditorio con il programma del Governo, in pubblici comizi o anche in privati locali, le loro opinioni. In Italia, nella massima parte dei luoghi, anzi quasi da per tutto, questo non fu possibile … L'inizio della campagna elettorale del 1924 avvenne a Genova, con una conferenza privata e per inviti, da parte dell'onorevole Gonzales. Orbene, prima ancora che si iniziasse la conferenza, i fascisti invasero la sala e a furia di bastonate impedirono all'oratore di aprire nemmeno la bocca. (*Rumori. Interruzioni. Apostrofi*)

UNA VOCE: Non è vero, non fu impedito niente. (*Rumori*)

MATTEOTTI: Allora rettifico! se l'onorevole Gonzales dovette passare otto giorni a letto, vuol dire che si è ferito da solo, non fu bastonato. (*Rumori. Interruzioni*). L'onorevole Gonzales, che è uno studioso di San Francesco, si è forse autoflagellato! … I candidati non avevano libera circolazione … (*Rumori. Interruzioni*)

PRESIDENTE: Facciamo silenzio! Lascino parlare!

MATTEOTTI: Non solo non potevano circolare, ma molti di essi non potevano neppure risiedere nelle loro stesse abitazioni, nelle loro stesse città. Alcuno, che rimase al suo posto, ne vide poco dopo le conseguenze … Uno dei candidati, l'onorevole Piccinini, al quale mando a nome del mio gruppo un saluto … (*Rumori*)

VOCI: E Berta? Berta?

MATTEOTTI: … conobbe cosa voleva dire obbedire alla consegna del proprio partito. Fu assassinato nella sua casa per avere accettata la candidatura nonostante prevedesse quale sarebbe stato per essere il destino suo all'indomani. (*Rumori*) … Non voglio dilungarmi a descrivere i molti altri sistemi impiegati per impedire la libera espressione della volontà popolare. Il fatto è che solo una piccola minoranza di cittadini ha potuto esprimere liberamente il suo voto: il più delle volte quasi esclusivamente coloro che non potevano essere sospettati di essere socialisti. I nostri furono impediti dalla violenza; mentre riuscirono più facilmente a votare per noi persone nuove e indipendenti, le quali, non essendo credute socialiste, si sono sottratte al controllo e hanno esercitato il loro diritto liberamente.

A queste nuove forze che manifestano la reazione della nuova Italia contro l'oppressione del nuovo regime, noi mandiamo il nostro ringraziamento. (*Applausi all'estrema sinistra. Rumori dalle altre parti della Camera*)

Per tutte queste ragioni, e per le altre che di fronte alle vostre numerose sollecitazioni rinunzio a svolgere, ma che voi bene conoscete perché ciascuno di voi ne è stato testimonio per lo meno … (*Rumori*) per queste ragioni noi domandiamo l'annullamento in blocco della elezione di maggioranza.

Voci a destra: Accettiamo. (*Vivi applausi a destra e al centro*)

Matteotti: Voi dichiarate ogni giorno di volere ristabilire l'autorità dello Stato e della legge. Fatelo, se siete ancora in tempo; altrimenti voi sì, veramente, rovinate quella che è l'intima essenza, la ragione morale della nazione. Non continuate più oltre a tenere la Nazione divisa in padroni e sudditi, poiché questo sistema certamente provoca la licenza e la rivolta.

Se invece la libertà è data, ci possono essere errori, eccessi momentanei, ma il popolo italiano, come ogni altro, ha dimostrato di saperseli correggere da sé medesimo. (*Interruzioni a destra*)

Noi deploriamo invece che si voglia dimostrare che solo il nostro popolo nel mondo non sa reggersi da sé e deve essere governato con la forza. Molto danno avevano fatto le dominazioni straniere. Ma il nostro popolo stava risollevandosi ed educandosi, anche con l'opera nostra.

Voi volete ricacciarci indietro. Noi difendiamo la libera sovranità del popolo italiano al quale mandiamo il più alto saluto; e crediamo di rivendicare la dignità, domandando il rinvio delle elezioni inficiate dalla violenza alla Giunta delle elezioni.

3.2   Benito Mussolini, 'La situazione sarà chiarita', in *Discorsi del 1925* (Milan: Alpes, 1926), 9–16.

Mussolini's speech before the Chamber of Deputies on 3 January 1925 is universally recognized as the beginning of the full fascist dictatorship. Previously, Mussolini had tried to maintain a facade of parliamentary, representative government. But the assassination of Giacomo Matteotti in June 1924, after he had revealed widespread electoral fraud, pushed the regime into a crisis. Throughout the summer and autumn of 1924, Mussolini held a tenuous grip on power, but King Victor Emmanuel III refused to ask for his resignation. On 3 January 1925, Mussolini rose in the Chamber of Deputies and challenged his political opponents to remove him from office. Il Duce claimed full political, moral, and historical responsibility for what had happened and promised that he would 'resolve' the problem in the next forty-eight hours. During the course of 1925–26, Mussolini and the fascist regime effectively dismantled what remained of liberal, parliamentary Italy. Freedom of the press and of association were banned by decree and all political parties were outlawed. Political opponents such as Antonio Gramsci, notwithstanding their parliamentary immunity, were arrested and sentenced to long prison terms by the Special Tribunal.

Signori!

Il discorso che sto per pronunziare dinanzi a voi forse non potrà essere a rigore di termini classificato come un discorso parlamentare. Può darsi che alla fine qualcuno di voi trovi che questo discorso si riallaccia, sia pure traverso il varco del tempo trascorso, a quello che io pronunciai in questa stessa aula il sedici novembre. Un discorso di sì fatto genere può condurre e può anche non condurre ad un voto politico. Si sappia ad ogni modo che io non cerco questo voto politico. Non lo desidero: ne ho avuti troppi. L'art. 47 dello Statuto dice: 'La Camera dei Deputati ha il diritto di accusare i ministri del Re e di tradurli dinanzi all'Alta Corte di Giustizia.' Domando formalmente se in questa Camera o fuori di questa Camera c'è qualcuno che si voglia valere dell'articolo 47.

Il mio discorso sarà quindi chiarissimo, e tale da determinare una chiarificazione assoluta. Voi intendete che dopo avere lungamente camminato insieme con dei compagni di viaggio ai quali

70

andrebbe sempre la nostra gratitudine per quello che hanno fatto, è necessaria una sosta per vedere se la stessa strada con gli stessi compagni può essere ancora percorsa nell'avvenire.

Sono io, o signori, che levo in quest'aula l'accusa contro me stesso.

Si è detto che io avrei fondato una Ceka. Dove? Quando? In qual modo? Nessuno potrebbe dirlo. Veramente c'è stata una Ceka in Russia che ha giustiziato senza processo dalle 150 mila alle 160 mila persone secondo attestano le statistiche quasi ufficiali. C'è stata una Ceka in Russia che ha esercitato il terrore sistematicamente su tutte le classi borghesi e sui membri singoli della borghesia, una Ceka che diceva di essere la *rossa spada della rivoluzione*. Ma la Ceka italiana non è mai esistita.

Nessuno mi ha mai negato fino ad oggi queste tre qualità: una discreta intelligenza, molto coraggio ed un disprezzo del vile denaro.

Se io avessi fondato una Ceka l'avrei fondata secondo criteri che ho sempre posti a presidio di quella violenza che non può essere espulsa dalla storia. Ho sempre detto e qui lo ricordano quelli che mi hanno seguito in questi cinque anni di dura battaglia che la violenza per essere risolutiva deve essere chirurgica, intelligente e cavalleresca. Ora le gesta di questa sedicente Ceka sono state sempre inintelligenti, incomposte e stupide.

Ma potete proprio pensare che io potessi ordinare nel giorno successivo a quello del Santo Natale, giorno nel quale tutti i spiriti sono portati alle immagini pietose e buone, potete pensare che io potessi ordinare un' aggressione alle dieci del mattino in via Francesco Crispi, a Roma, dopo il discorso più pacificatore che io abbia pronunciato durante il mio governo?

Risparmiatemi signori, di pensarmi così cretino. Ed io avrei ordito con la stessa inintelligenza le aggressioni di Missuri e di Forni? Voi ricordate certamente il mio discorso del sette giugno. Vi è forse facile ritornare a quella settimana di accese passioni politiche quando in quest'aula minoranza e maggioranza si scontravano quotidianamente, tanto che qualcuno disperava di riuscire a ristabilire i termini necessari di quella convivenza politica e civile che è più che necessaria fra le parti opposte della Camera. Era un incrociarsi di discorsi violenti da una parte e dall'altra.

Finalmente il 6 giugno l'on. Delcroix squarcia con il suo discorso lirico e pieno di vita e forte di passione, l'atmosfera carica, temporalesca. All'indomani io pronunciai un discorso che rischiarò totalmente l'atmosfera. Io dico alle opposizioni: riconosco il vostro diritto ideale, il vostro diritto contingente. Voi potete sorpassare il Fascismo come esperienza storica; voi potete mettere sul terreno della critica immediata tutti i provvedimenti del Governo fascista.

Ricordo, ed ho ancora nei miei occhi la visione di questa parte della Camera, ove tutti intenti sentivano che in quel momento avevo detto profonde parole di vita ed avevo stabilito i termini di quella necessaria convivenza, senza la quale non è possibile l'esistenza di una assemblea politica di sorta. Come potevo, dopo un successo – lasciatemelo dire senza falsi pudori e ridicole modestie – dopo un successo così clamoroso che tutta la Camera ha ammesso, comprese le opposizioni, per cui la Camera si riaperse il mercoledì successivo in una atmosfera idillica, come potevo pensare, senza essere colpito da morbosa follìa, di far commettere non dico un delitto ma nemmeno il più tenue, il più ridicolo sfregio a quell'avversario che lo stimavo perché aveva una certa 'crânerie', un certo coraggio, che rassomigliavano al mio coraggio e alla mia ostinatezza nel sostenere le tesi?

Che cosa dovevo fare?

Sono cervellini di grillo quelli che pretendevano da me in quell'occasione gesti di cinismo che io non sentivo di fare, perché ripugnano al più profondo della coscienza, oppure dei gesti di forza.

Di quale forza? Contro chi? Per quale scopo?

Quando io penso a questo, signori, mi ricordo di quegli strateghi che durante la guerra, mentre noi mangiavamo in trincea, facevano la strategia con gli spillini sulle carte geografiche. Ma quando poi si tratta di andare al concreto, al posto di comando e di responsabilità, si vedano allora le cose sotto un altro raggio e sotto un aspetto diverso. Eppure non mi erano mancate occasioni per dare prova della mia energia. Non sono stato ancora inferiore agli eventi. Io ho liquidato in dodici ore una rivolta di guardie regie. In pochi giorni ho liquidato una insidiosa sedizione, in 48 ore ho condotto una divisione di fanteria e mezza flotta a Corfù. Questi gesti di energia – e quest'ultimo stupiva persino uno dei più grandi generali di una Nazione amica – stanno a dimostrare che non è l'energia che fa difetto al mio spirito.

Pena di morte? Ma qui si scherza, signori! Prima di tutto la pena di morte bisognerà introdurla nel Codice penale e poi comunque la pena di morte non può essere la rappresaglia di un Governo.

Deve essere applicata dopo un giudizio regolare, anzi regolarissimo, quando si tratta della vita di un cittadino! Fu alla fine di quel mese che è segnato profondamente nella mia vita, che io dissi: Voglio che ci sia la pace per il popolo italiano, e volevo stabilire la normalità alla vita politica italiana.

Ma come si è risposto a questo mio principio? Prima di tutto con la secessione dell'Aventino, secessione anticostituzionale e nettamente rivoluzionaria. Poi con una campagna giornalistica durata nei mesi di giugno, luglio, agosto, campagna immonda e miserabile che ci ha disonorati per tre mesi. Le più fantastiche, le più raccapriccianti, le più macabre menzogne sono state affermate diffusamente su tutti i giornali. C'era veramente un accesso di necrofilia. Si facevano inquisizioni anche su quello che succedeva sotto terra: si inventava, si sapeva di mentire, ma si mentiva lo stesso! Io sono stato sempre tranquillo e calmo in mezzo a questa bufera che sarà ricordata da coloro che verranno dopo di noi con un senso di intima vergogna. C'è un risultato, di questa campagna! Il giorno 11 settembre qualcuno volle vendicare l'ucciso e sparò su uno dei nostri migliori che morì povero. Aveva sessanta lire in tasca. Tuttavia io continuo nel mio sforzo di normalizzazione o di normalità. Reprimo gli illegalismi. Non è menzogna quando dico che nelle carceri vi sono ancora oggi centinaia e centinaia di fascisti.

Non è menzogna il ricordo che io ho riaperto il Parlamento regolarmente alla data fissata e che si sono discussi, non meno regolarmente, quasi tutti i bilanci.

Non è menzogna il giuramento della Milizia e non è menzogna la nomina di generali per tutti i comandi di zona.

Finalmente venne dinanzi a noi una questione che ci appassionava; la domanda dell'autorizzazione a procedere con le conseguenti dimissioni dell'on. Giunta. La Camera scatta. Io comprendo il senso di questa rivolta e pure dopo 48 ore io piego ancora una volta giovandomi del mio prestigio, del mio ascendente, piego questa assemblea riottosa, riluttante, e dico: 'Accettate le dimissioni' e le dimissioni sono accettate.

Ma non basta ancora: compio un ultimo sforzo normalizzatore: il progetto di riforma elettorale. A tutto questo come si risponde? Si risponde con una accentuazione della campagna e si grida: – 'Il Fascismo è un'orda di barbari accampati nella Nazione ed un movimento di banditi e di predoni,' e s'inscena, o signori, la questione morale! Noi conosciamo la triste istoria delle questioni morali in Italia.

Ma poi, o signori, quali farfalle andiamo a cercare sotto l'arco di Tito? Ebbene, io dichiaro qui al cospetto di questa assemblea ed al cospetto di tutto il popolo italiano che assumo, io solo, la responsabilità politica, morale, storica di tutto quanto è avvenuto. Se le frasi più o meno storpiate bastano per impiccare un uomo, fuori il palo e fuori la corda! Se il fascismo non è stato che olio di ricino e manganello e non invece una superba passione della migliore gioventù italiana, a me la colpa! Se il fascismo è stato un'associazione a delinquere, se tutte le violenze sono state il risultato di un determinato clima storico, politico, morale, a me la responsabilità di questo, perché questo clima storico, politico, morale io l'ho creato con una propaganda che va dall'intervento fino ad oggi.

In questi ultimi giorni non solo fascisti ma molti cittadini si domandano: c'è un Governo? Questi uomini hanno una dignità come uomini? ne hanno una anche come Governo? Sono stato io che ho voluto che le cose giungessero a questo determinato punto estremo. È ricca la mia esperienza di vita di questi sei mesi. Io ho saggiato il partito. Come per sentire la tempra di certi metalli bisogna batterli con un martelletto, così ho sentito la tempra di certi uomini. Ho visto che cosa valgano e per quali motivi ad un certo momento quando il vento è infido, scantonano per la tangente. Ho saggiato me stesso. E guardate che io non avrei fatto ricorso a quelle misure se non fossero stati in giuoco gli interessi della Nazione. Un popolo non rispetta un Governo che si lascia vilipendere. Il popolo vuole rispecchiata la sua dignità, nella dignità del Governo, ed il popolo, prima ancora che lo dicessi io, ha detto: basta! la misura à colma!

Ed era colma perché? Perché la sedizione dell'Aventino ha sfondo repubblicano. Questa sedizione dell'Aventino ha avuto delle conseguenze perché in Italia oggi chi è fascista rischia ancora la vita! Nei soli mesi di novembre e dicembre undici fascisti sono caduti uccisi, dei quali uno ha avuto la vita schiacciata fino ad essere ridotta un'ostia sanguinosa ed un altro, un vecchio settanta-treenne, è stato ucciso e gettato da un muraglione. Poi tre incendi si son bruciati in un mese, tre incendi misteriosi nelle ferrovie, uno a Roma, l'altro a Parma ed un terzo a Firenze. Quindi un risveglio sovversivo su tutta la linea, che vi documento perché è necessario documentare traverso i giornali di ieri e di oggi.

Un caposquadra nella Milizia ferito gravemente dai sovversivi.
Un conflitto fra carabinieri e sovversivi a Genzano.
Un tentativo di assalto alla sede del fascio di Tarquinia.
Un ferito da sovversivi a Verona.
Un milite della Milizia ferito in provincia di Cremona.
Fascisti feriti da sovversivi a Forlì.
Imboscata comunista a San Giorgio di Pesaro.
Sovversivi che cantano 'Bandiera Rossa' e aggrediscono fascisti a
    Monzambano.

Nei soli tre giorni di questo gennaio 1925 ed in una sola zona, sono avvenuti incidenti a Mestre, Pionca, Valombra: cinquanta sovversivi, armati di fucili, scorrazzano il paese cantando 'Bandiera Rossa' e fanno esplodere petardi; a Venezia il milite Pascai Mario aggredito e ferito; a Cavaso di Treviso un altro fascista ferito; la caserma dei carabinieri invasa da una ventina di donne scalmanate, un capo manipolo aggredito e gettato in acqua; a Favara di Venezia fascisti aggrediti da sovversivi; a Mestre, a Padova altri fascisti feriti da sovversivi … Voi vedete da questa situazione, che la sedizione dell'Aventino ha avuto profonde ripercussioni in tutto il Paese. Ed allora viene il momento in cui si dice: basta! Quando due elementi sono in lotta e sono irriducibili, la soluzione è nella forza. Non c'è stata mai altra soluzione nella storia e ci sarà mai.

Ora io oso dire che il problema sarà risolto. Il fascismo, Governo e Partito, è in piena efficienza. Signori, vi siete fatte delle illusioni! Voi avete creduto che il fascismo fosse finito perché io lo comprimevo, che il Partito fosse finito perché io lo castigavo e poi avevo anche la crudeltà di dirlo. Se io la centessima parte della energia che ho messo a comprimerlo la mettessi a scatenarlo, oh, vedreste allora …

Ma non ci sarà bisogno di questo, perché il Governo è abbastanza forte per stroncare in pieno e definitivamente la sedizione dell'Aventino.

L'Italia o signori, vuole la pace, vuole la tranquillità, vuole la calma laboriosa; gliela daremo con l'amore se è possibile, o con la forza se sarà necessario. Voi stati certi che nelle 48 ore successive al mio discorso, la situazione sarà chiarita su tutta l'area, come dicono. E tutti sappiano che non è capriccio di persona, che non è libidine di governo, che non è passione ignobile, ma soltanto amore sconfinato e possente per la Patria.

3.3   Carlo Levi, 'L'eterno fascismo italiano', in *Cristo si è fermato a Eboli* 8th edn (Turin: Einaudi, 1983), 219–23.

Although he earned a degree in medicine, Carlo Levi (1902–75) was better known as a writer and painter. Along with Piero Gobetti, he participated in antifascist activities in Turin. Levi joined the Giustizia e Libertà movement, founded by Carlo Rosselli in Paris in 1929. For this, Levi was sentenced to *confino*, or domestic exile, in the Lucania region of the Italian south. That experience was the basis for his most famous work, *Cristo si è fermato a Eboli* (1945). The title is a saying of the peasants where Levi was being held; Eboli is a town on the Tirrenian coast and the peasants meant that Christ and civilization never made it as far as their poor mountain town. The word *'cristiani'* in the local dialect meant not so much 'Christians' as 'civilized people'. Here Levi reflects on the unbridgeable abyss between the peasants and the 'State'. In subsequent works, he wrote on man's fear of freedom in *Paura della libertà* (1946) and the failed hopes for a political renewal after the war in his novel *L'orologio* (1950).

Già il treno ci riportava, oltre la capitale, verso il sud. Era notte, e non mi riusciva di dormire. Seduto sulla dura panca, andavo ripensando ai giorni passati, a quel senso di estraneità, e alla totale incomprensione dei politici per la vita di quei paesi verso cui mi affrettavo. Tutti mi avevano chiesto notizie del mezzogiorno; a tutti avevo raccontato quello che avevo visto: e, se tutti mi avevano ascoltato con interesse, ben pochi mi era parso volessero realmente capire quello che dicevo. Erano uomini di varie opinioni e temperamenti: dagli estremisti piú accesi ai piú rigidi conservatori. Molti erano uomini di vero ingegno e tutti dicevano di aver meditato sul 'problema meridionale' e avevano pronte le loro formule e i loro schemi. Ma cosí come queste loro formule e schemi, e perfino il linguaggio e le parole usate per esprimerli sarebbero stati incomprensibili all'orecchio dei contadini, cosí la vita e i bisogni dei contadini erano per essi un mondo chiuso, che neppure si curavano di penetrare. Erano, in fondo, tutti (mi pareva ora di vederlo chiaramente) degli adoratori, piú o meno inconsapevoli, dello Stato; degli idolatri che si ignoravano. Non importava se il loro Stato fosse quello attuale o quello che vagheggiavano nel futuro: nell'uno e nell'altro caso era lo Stato, inteso come qualcosa di trascendente alle persone e alla vita del popolo; tirannico o paternamente provvidente, dittatoriale o democratico, ma sempre unitario, centralizzato e lontano.

Di qui la impossibilità fra i politici e i miei contadini, di intendere e di essere intesi. Di qui il semplicismo, spesso ammantato di espressioni filosofeggianti, dei politici, e l'astrattezza delle loro soluzioni, non mai aderenti a una realtà viva, ma schematiche, parziali, e cosí presto invecchiate. Quindici anni di fascismo avevano fatto dimenticare a tutti il problema meridionale; e, se ora dovevano riproporselo, non sapevano vederlo che in funzione a qualcosa d'altro, alle generiche finzioni mediatrici del partito o della classe, o magari della razza. Alcuni vedevano in esso un puro problema economico o tecnico, parlavano di opere pubbliche, di bonifiche, di necessaria industrializzazione, di colonizzazione interna, o si riferivano ai vecchi programmi socialisti 'rifare l'Italia'. Altri non vi vedevano che una triste eredità storica, una tradizione di borbonica servitú, che una democrazia liberale avrebbe un po' per volta eliminato. Altri sentenziavano non essere altro, il problema meridionale, che un caso particolare della oppressione capitalistica, che la dittatura del proletariato avrebbe senz'altro risolto. Altri ancora pensavano a una vera inferiorità di razza, e parlavano del sud come di un peso morto per l'Italia del nord, e studiavano le provvidenze per ovviare, dall'alto, a questo doloroso stato di fatto. Per tutti, lo Stato avrebbe dovuto fare qualcosa, qualcosa di molto utile, benefico e provvidenziale: e mi avevano guardato con stupore quando io avevo detto che lo Stato, come essi lo intendevano, era invece l'ostacolo fondamentale a che si facesse qualunque cosa. Non può essere lo Stato, avevo detto, a risolvere la questione meridionale, per la ragione che quello che noi chiamiamo problema meridionale non è altro che il problema dello Stato. Fra lo statalismo fascista, lo statalismo liberale, lo statalismo socialistico, e tutte quelle altre future forme di statalismo che in un paese piccolo-borghese come il nostro cercheranno di sorgere, e l'antistatalismo dei contadini, c'è, e ci sarà sempre, un abisso; e si potrà cercare di colmarlo soltanto quando riusciremo a creare una forma di Stato di cui anche i contadini si sentano parte. Le opere pubbliche, le bonifiche, sono ottime cose, ma non risolvono il problema. La colonizzazione interna potrà avere dei discreti frutti materiali, ma tutta l'Italia, non solo il mezzogiorno, diventerebbe una colonia. I piani centralizzati possono portare grandi risultati pratici, ma sotto qualunque segno resterebbero due Italie ostili. Il problema di cui parliamo è molto piú complesso di quanto pensiate. Ha tre diversi aspetti, che sono le tre facce di una sola realtà, e che non possono essere intese né risolte separatamente. Siamo anzitutto di fronte al coesistere di due civiltà diversissime, nessuna delle quali è in grado di assimilare l'altra. Campagna e città, civiltà precristiana e civiltà non piú cristiana, stanno di fronte; e finché la seconda continuerà ad imporre alla prima la sua teocrazia statale, il dissidio continuerà. La guerra attuale, e quelle che verranno, sono in gran parte il risultato di questo dissidio secolare, giunto ora alla sua piú intensa acutezza, e non soltanto in Italia. La civiltà contadina sarà sempre vinta, ma non si lascerà mai – schiacciare del tutto, si conserverà sotto i veli della pazienza, per esplodere di tratto in tratto; e la crisi mortale si perpetuerà. Il brigantaggio, guerra contadina, ne è la prova: e quello del secolo scorso non sarà l'ultimo. Finché Roma governerà Matera, Matera sarà anarchica e disperata, e Roma disperata e tirannica.

Il secondo aspetto del problema è quello economico: il problema della miseria. Quelle terre si sono andate progressivamente impoverendo; le foreste sono state tagliate, i fiumi si sono fatti torrenti, gli animali si sono diradati, invece degli alberi, dei prati e dei boschi, ci si è ostinati a coltivare il grano in terre inadatte. Non ci sono capitali, non c'è industria, non c'è risparmio, non ci sono scuole, l'emigrazione è diventata impossibile, le tasse sono insopportabili e sproporzionate: e dappertutto regna la malaria. Tutto ciò è in buona parte il risultato delle buone intenzioni e degli sforzi dello Stato, di uno Stato che non sarà mai quello dei contadini, e che per essi ha creato soltanto miseria e deserto.

Infine c'è il lato sociale del problema. Si usa dire che il grande nemico è il latifondo, il grande proprietario; e certamente, là dove il latifondo esiste, esso è tuttt'altro che una istituzione benefica. Ma se il grande proprietario, che sta a Napoli, a Roma, o a Palermo, è un nemico dei contadini, non è tuttavia il maggiore né il piú gravoso. Egli almeno è lontano, e non pesa quotidianamente sulla vita di tutti. Il vero nemico, quello che impedisce ogni libertà e ogni possibilità di esistenza civile ai contadini, è la piccola borghesia dei paesi. È una classe degenerata, fisicamente e moralmente: incapace di adempiere la sua funzione, e che solo vive di piccole rapine e della tradizione imbastardita di un diritto feudale. Finché questa classe non sarà soppressa e sostituita non si potrà pensare di risolvere il problema meridionale.

Questo problema, nel suo triplice aspetto, preesisteva al fascismo; ma il fascismo, pure non parlandone piú, e negandolo, l'ha portato alla sua massima acutezza, perché con lui lo statalismo piccolo-borghese è arrivato alla piú completa affermazione. Noi non possiamo oggi prevedere quali forme politiche si preparino per il futuro: ma in un paese di piccola borghesia come l'Italia, e nel quale le ideologie piccolo-borghesi sono andate contagiando anche le classi popolari cittadine, purtroppo è probabile che le nuove istituzioni che seguiranno al fascismo, per evoluzione lenta o per opera di violenza, e anche le piú estreme e apparentemente rivoluzionarie fra esse, saranno riportate a riaffermare, in modi diversi, quelle ideologie; ricreeranno uno Stato altrettanto, e forse piú, lontano dalla vita, idolatrico e astratto, perpetueranno e peggioreranno, sotto nuovi nomi e nuove bandiere, l'eterno fascismo italiano. Senza una rivoluzione contadina, non avremo mai una vera rivoluzione italiana, e viceversa. Le due cose si identificano. Il problema meridionale non si risolve dentro lo Stato attuale, né dentro quelli che, senza contraddirlo radicalmente, lo seguiranno. Si risolverà soltanto fuori di essi, se sapremo creare una nuova idea politica e una nuova forma di Stato, che sia anche lo Stato dei contadini; che li liberi dalla loro forzata anarchia e dalla loro necessaria indifferenza. Né si può risolvere con le sole forze del mezzogiorno: ché in questo caso avremmo una guerra civile, un nuovo atroce brigantaggio, che finirebbe, al solito, con la sconfitta contadina, e il disastro generale; ma soltanto con l'opera di tutta l'Italia, e il suo radicale rinnovamento. Bisogna che noi ci rendiamo capaci di pensare e di creare un nuovo Stato, che non può piú essere né quello fascista, né quello liberale, né quello comunista, forme tutte diverse e sostanzialmente identiche della stessa religione statale. Dobbiamo ripensare ai fondamenti stessi dell'idea di Stato: al concetto d'individuo, che ne è la base; e, al tradizionale concetto giuridico e astratto di individuo, dobbiamo sostituire un nuovo concetto, che esprima la realtà vivente, che abolisca la invalicabile trascendenza di individuo e di Stato. L'individuo non è una entità chiusa, ma un rapporto, il luogo di tutti i rapporti.

Questo concetto di relazione, fuori della quale l'individuo non esiste, è lo stesso che definisce lo Stato. Individuo e Stato coincidono nella loro essenza, e devono arrivare a coincidere nella pratica quotidiana, per esistere entrambi. Questo capovolgimento della politica, che va inconsapevolmente maturando, è implicito nella civiltà contadina ed è l'unica strada che ci permetterà di uscire dal giro vizioso di fascismo e antifascismo. Questa strada si chiama autonomia. Lo Stato non può essere che l'insieme di infinite autonomie, una organica federazione. Per i contadini, la cellula dello Stato, quella sola per cui essi potranno partecipare alla molteplice vita collettiva, non può essere che il comune rurale autonomo. È questa la sola forma statale che possa avviare a soluzione contemporanea i tre aspetti interdipendenti del problema meridionale; che possa permettere la coesistenza di due diverse civiltà, senza che l'una opprima l'altra, né l'altra gravi sull'una;

che consenta, nei limiti del possibile, le condizioni migliori per liberarsi dalla miseria; e che infine, attraverso l'abolizione di ogni potere e funzione sia dei grandi proprietari che della piccola borghesia locale, consenta al popolo contadino di vivere, per sé e per tutti. Ma l'autonomia del comune rurale non potrà esistere senza l'autonomia delle fabbriche, delle scuole, delle città, di tutte le forme della vita sociale. Questo è quello che ho appreso in un anno di vita sotterranea.

Cosí avevo detto ai miei amici, e andavo ora rimeditando mentre it treno, nella notte, entrava nelle terre di Lucania. Erano i primi accenni di quelle idee che dovevo poi sviluppare negli anni seguenti, attraverso le esperienze dell'esilio e della guerra. E in questi pensieri mi addormentai.

4 The fascist state and dissident voices

4.1 Benito Mussolini, 'La dottrina del fascismo', in *Enciclopedia italiana* (Rome: Treccani, 1932) 847–51.

Mussolini often boasted that fascism had no formal ideology. But as the movement transformed itself into a regime, many felt that a coherent statement of political ideology was needed. The task was first assigned to the pre-eminent fascist intellectual, Giovanni Gentile, but that was overruled by the PNF (Partito Nazionale Fascista) because of Gentile's hostility to the Lateran Accords. So the following article appeared with Mussolini's signature in the 1932 edition of the *Enciclopedia italiana*, edited by none other than Gentile. Mussolini makes a concerted attempt to trace a respectable intellectual lineage for fascism. Here, in as concise form as possible, is how fascism thought of itself.

Idee fondamentali

I

Come ogni salda concezione politica, il fascismo è prassi ed è pensiero, azione a cui è immanente una dottrina, e dottrina che, sorgendo da un dato sistema di forze storiche, vi resta inserita e vi opera dal di dentro. Ha quindi una forma correlativa alle contingenze di luogo e di tempo, ma ha insieme un contenuto ideale che la eleva a formula di verità nella storia superiore del pensiero. Non si agisce spiritualmente nel mondo come volontà umana dominatrice di volontà senza un concetto della realtà transeunte e particolare su cui bisogna agire, e della realtà permanente e universale in cui la prima ha il suo essere e la sua vita. Per conoscere gli uomini bisogna conoscere l'uomo; e per conoscere l'uomo bisogna conoscere la realtà e le sue leggi. Non c'è concetto dello stato che non sia fondamentalmente concetto della vita: filosofia o intuizione, sistema di idee che si svolge in una costruzione logica o si raccoglie in una visione o in una fede, ma è sempre, almeno virtualmente, una concezione organica del mondo.

II

Così il fascismo non si intenderebbe in molti dei suoi atteggiamenti pratici, come organizzazione di partito, come sistema di educazione, come disciplina, se non si guardasse alla luce del suo modo generale di concepire la vita. Modo spiritualistico. Il mondo per il fascismo non è questo mondo materiale che appare alla superficie, in cui l'uomo è un individuo separato da tutti gli altri e per sé stante, ed è governato da una legge naturale, che istintivamente lo trae a vivere una vita di piacere egoistico e momentaneo. L'uomo del fascismo è individuo che è nazione e patria, legge morale che stringe insieme individui e generazioni in una tradizione e in una missione, che sopprime l'istinto della vita chiusa nel breve giro del piacere per instaurare nel dovere una vita superiore libera da limiti di tempo e di spazio: una vita in cui l'individuo, attraverso l'abnegazione di sé, il sacrifizio dei suoi interessi particolari, la stessa morte, realizza quell'esistenza tutta spirituale in cui è il suo valore di uomo.

III

Dunque concezione spiritualistica, sorta anche essa dalla generale reazione del secolo contro il fiacco e materialistico positivismo dell'Ottocento. Antipositivistica, ma positiva: non scettica, né agnostica, né pessimistica, né passivamente ottimistica, come sono in generale le dottrine (tutte negative) che pongono il centro della vita fuori dell'uomo, che con la sua libera volontà può e deve crearsi il suo mondo. Il fascismo vuole l'uomo attivo e impegnato nell'azione con tutte le sue energie: lo vuole virilmente consapevole delle difficoltà che ci sono, e pronto ad affrontarle. Concepisce la vita come lotta pensando che spetti all'uomo conquistarsi quella che sia veramente degna di lui, creando prima di tutto in sé stesso lo strumento (fisico, morale, intellettuale) per edificarla. Così per l'individuo singolo, così per la nazione, così per l'umanità. Quindi l'alto valore della cultura in tutte le sue forme – arte, religione, scienza – e l'importanza grandissima dell'educazione. Quindi anche il valore essenziale del lavoro, con cui l'uomo vince la natura e crea il mondo umano (economico, politico, morale, intellettuale).

IV

Questa concezione positiva della vita è evidentemente una concezione etica. E investe tutta la realtà, nonché l'attività umana che la signoreggia. Nessuna azione sottratta al giudizio morale; niente al mondo che si possa spogliare del valore che a tutto compete in ordine ai fini morali. La vita perciò quale la concepisce il fascista è seria, austera, religiosa: tutta librata in un mondo sorretto dalle forze morali e responsabili dello spirito. Il fascista disdegna la vita 'comoda'.

V

Il fascismo è una concezione religiosa, in cui l'uomo è veduto nel suo immanente rapporto con una legge superiore, con una Volontà obiettiva che trascende l'individuo particolare e lo eleva a membro consapevole di una società spirituale. Chi nella politica religiosa del regime fascista si è fermato a considerazioni di mera opportunità, non ha inteso che il fascismo, oltre a essere un sistema di governo, è anche, e prima di tutto, un sistema di pensiero.

VI

Il fascismo è una concezione storica, nella quale l'uomo non è quello che è se non in funzione del processo spirituale a cui concorre, nel gruppo familiare e sociale, nella nazione e nella storia, a cui tutte le nazioni collaborano. Donde il gran valore della tradizione nelle memorie, nella lingua, nei costumi, nelle norme del vivere sociale. Fuori della storia l'uomo è nulla. Perciò il fascismo è contro tutte le astrazioni individualistiche, a base materialistica, tipo sec. XVIII; ed è contro tutte le utopie e le innovazioni giacobine. Esso non crede possibile la 'felicità' sulla terra come fu nel desiderio della letteratura economicistica del '700, e quindi respinge tutte le concezioni teleologiche per cui a un certo periodo della storia ci sarebbe una sistemazione definitiva del genere umano. Questo significa mettersi fuori della storia e della vita che è continuo fluire e divenire. Il fascismo politicamente vuol essere una dottrina realistica; praticamente, aspira a risolvere solo i problemi che si pongono storicamente da sé e che da sé trovano o suggeriscono la propria soluzione. Per agire tra gli uomini, come nella natura, bisogna entrare nel processo della realtà e impadronirsi delle forze in atto.

VII

Antiindividualistica, la concezione fascista è per lo Stato; ed è per l'individuo in quanto esso coincide con lo Stato, coscienza e volontà universale dell'uomo nella sua esistenza storica. È contro il liberalismo classico, che sorse dal bisogno di reagire all'assolutismo e ha esaurito la sua funzione storica da quando lo Stato si è trasformato nella stessa coscienza e volontà popolare. Il liberalismo negava lo Stato nell'interesse dell'individuo particolare; il fascismo riafferma lo Stato come la realtà vera dell'individuo. E se la libertà dev'essere l'attributo dell'uomo reale, e non di quell'astratto fantoccio a cui pensava il liberalismo individualistico, il fascismo è per la libertà. È per la sola libertà che possa essere una cosa seria, la libertà dello Stato e dell'individuo nello Stato. Giacché, per il fascista, tutto è nello Stato, e nulla di umano o spirituale esiste, e tanto meno ha valore, fuori dello Stato. In tal senso il fascismo è totalitario, e lo Stato fascista, sintesi e unità di ogni valore, interpreta, sviluppa e potenzia tutta la vita del popolo.

VIII

Né individui fuori dello Stato, né gruppi (partiti politici, associazioni, sindacati, classi). Perciò il fascismo è contro il socialismo che irrigidisce il movimento storico nella lotta di classe e ignora l'unità statale che le classi fonde in una sola realtà economica e morale; e analogamente, è contro il sindacalismo classista. Ma nell'orbita dello Stato ordinatore, le reali esigenze da cui trasse origine il movimento socialista e sindacalista, il fascismo le vuole riconosciute e le fa valere nel sistema corporativo degli interessi conciliati nell'unità dello Stato.

IX

Gli individui sono classi secondo le categorie degli interessi; sono sindacati secondo le differenziate attività economiche cointeressate; ma sono prima di tutto e soprattutto Stato. Il quale non è numero, come somma d'individui formanti la maggioranza di un popolo. E perciò il fascismo è contro la democrazia che ragguaglia il popolo al maggior numero abbassandolo al livello dei più; ma è la forma più schietta di democrazia se il popolo è concepito, come dev'essere, qualitativamente e non quantitativamente, come l'idea più potente perché più morale, più coerente, più vera, che nel popolo si attua quale coscienza e volontà di pochi, anzi di Uno, e quale ideale tende ad attuarsi nella coscienza e volontà di tutti. Di tutti coloro che dalla natura e dalla storia, etnicamente, traggono ragione di formare una nazione, avviati sopra la stessa linea di sviluppo e formazione spirituale, come una coscienza e una volontà sola. Non razza, nè regione geograficamente individuata, ma schiatta storicamente perpetuantesi, moltitudine unificata da un'idea, che è volontà di esistenza e di potenza: coscienza di sé, personalità.

X

Questa personalità superiore è bensì nazione in quanto è Stato. Non è la nazione a generare lo Stato, secondo il vieto concetto naturalistico che servì di base alla pubblicistica degli Stati nazionali nel secolo XIX. Anzi la nazione è creata dallo Stato, che dà al popolo, consapevole della propria unità morale, una volontà, e quindi un'effettiva esistenza. Il diritto di una nazione all'indipendenza deriva non da una letteraria e ideale coscienza del proprio essere, e tanto meno da una situazione di fatto più o meno inconsapevole e inerte, ma da una coscienza attiva, da una volontà politica in atto e disposta a dimostrare il proprio diritto: cioè, da una sorta di Stato già in fieri. Lo Stato infatti, come volontà etica universale, è creatore del diritto.

XI

La nazione come Stato è una realtà etica che esiste e vive in quanto si sviluppa. Il suo arresto è la sua morte. Perciò lo Stato non solo è autorità che governa e dà forma di legge e valore di vita spirituale alle volontà individuali, ma è anche potenza che fa valere la sua volontà all'esterno, facendola riconoscere e rispettare, ossia dimostrandone col fatto l'universalità in tutte le determinazioni necessarie del suo svolgimento. E perciò organizzazione ed espansione, almeno virtuale. Così può adeguarsi alla natura dell'umana volontà, che nel suo sviluppo non conosce barriere, e che si realizza provando la propria infinità.

XII

Lo Stato fascista, forma più alta e potente della personalità, è forza, ma spirituale. La quale riassume tutte le forme della vita morale e intellettuale dell'uomo. Non si può quindi limitare a semplici funzioni di ordine e tutela, come voleva il liberalismo. Non è un semplice meccanismo che limiti la sfera delle presunte libertà individuali. È forma e norma interiore, e disciplina di tutta la persona; penetra la volontà come l'intelligenza. Il suo principio, ispirazione centrale dell'umana personalità vivente nella comunità civile, scende nel profondo e si annida nel cuore dell'uomo d'azione come del pensatore, dell'artista come dello scienziato: anima dell'anima.

XIII

Il fascismo insomma non è soltanto datore di leggi e fondatore d'istituti, ma educatore e promotore di vita spirituale. Vuol rifare non le forme della vita umana, ma il contenuto, l'uomo, il carattere, la fede. E a questo fine vuole disciplina, e autorità che scenda addentro negli spiriti, e vi domini incontrastata. La sua insegna perciò è il fascio littorio, simbolo dell'unità, della forza e della giustizia.

4.2   Dina M., 'Vergogna!' et al., from *Caro Duce. Lettere di donne italiane a Mussolini, 1922–1943*. Prefazione di Camilla Cederna (Milan: Rizzoli, 1989), 34–5, 49–50, 145–6, 152–3.

The past three decades have seen new historical work on the role and fate of women under the fascist regime. Often the research of younger scholars and social historians, this work sheds much light on a previously neglected facet of life in Italy. The following five letters from women to Mussolini range in tone from the supportive to the critical to outright condemnation. 'Duce', from the Latin 'dux', means 'leader' and was used to emphasize Mussolini's role as supreme leader.

Trieste, dicembre 1938
Eccellenza Mussolini,
     Vergogna! Per gli scienziati che avrebbero scoperta la vera razza Italiana e per chi ha pensato i provvedimenti per la difesa della razza da voi emanati. Sono ancora incredula e m'aggrappo alla speranza che Voi non Vi siate reso conto dei mostri che state

generando nei pensieri e nelle azioni con conseguenze grandissime, che divideranno dolorosamente la grande famiglia italiana.

No. Non mi riferisco solo alle prodi imprese dei giovani 'ariani' del Guf che ci hanno avvisato a modo loro dei nuovi provvedimenti, imbrattando di pece le nostre insegne, colpendo nostri giovani, intimidendo uomini (com'è accaduto l'altro giorno davanti alla Pescheria e in Piazza Unità d'Italia) solo perché 'ebreazzi'.

Ma non sono gli stessi 'ebreazzi' che hanno portato, vent'anni or sono, questa Trieste sotto la bandiera della giusta Patria?

E l'hanno fatto per esserne poi trattati come nemici? Ma non sono gli stessi che nel '14 hanno attraversato il confine, combattuto al Vostro fianco sul Carso mentre la loro famiglia languiva sotto il cappio dell'austriaco. Ma, oltre a questo dolore bruciante, ci sono pene ancor più silenziose: sono quelle che Voi state infliggendo ai nostri figlioli.

Affinché non serbiate la possibilità di dir che non sapevate abbiatelo ben a mente quel state facendo accadere: i nostri ragazzi desiderosi solo di studiare, indicati ad esempio in ogni classe, separati dai loro coetanei, costretti ad una vita di domestici reclusi. I maestri che scelsero la cattedra quasi fosse un sacerdozio del sapere ora, poiché nacquero ebrei, vengono staccati a forza dalla gioventù che stavano educando e privati dello stipendio da sempre onestamente meritato.

Se Voi foste madre, come io sono, con che occhi potreste la sera fissare in volto le Vostre creature private del diritto più sacro, quello di raggiungere il sapere attraverso lo studio?

Se Voi foste padre, come siete, e insegnante, come siete stato, che provereste a esser privato del sostentamento per la Vostra famiglia, e della cattedra dalla quale spezzavate amorosamente il pane del sapere coi Vostri giovani discepoli?

Se Voi non capite questo, non potrete essere né padre, né maestro né tantomeno reggitore di questa nostra povera Patria che anziché esser se stessa si specchia nelle nere immagini che appaiono là, oltre le Alpi.

Cosa fareste Voi, cosa fareste?

Debbo portare dunque i figli miei a battezzar all'Arcivescovado per nasconder a lor stessi quelli che sono?